发现之旅栏目组 编著

巨墓迷踪

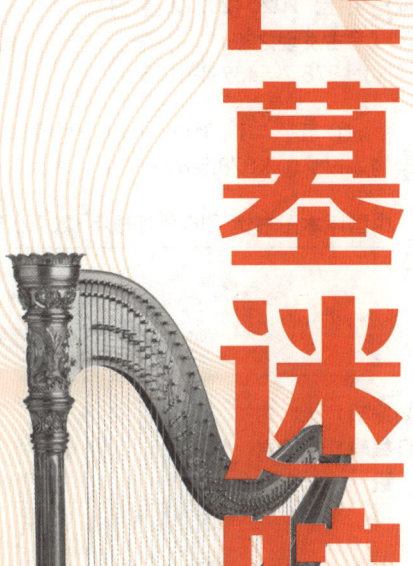

上海科学技术文献出版社
Shanghai Scientific and Technological Literature Press

图书在版编目（CIP）数据

巨墓迷踪/发现之旅栏目组编著. —上海：上海科学技术文献出版社，2020 (2021.8重印)
（考古发现之旅）
ISBN 978-7-5439-8010-5

Ⅰ.①巨… Ⅱ.①发… Ⅲ.①墓葬（考古）—中国—通俗读物 Ⅳ.①K878.8-49

中国版本图书馆 CIP 数据核字 (2019) 第 289100 号

策划编辑：张　树
责任编辑：杨怡君　曹　惠
封面设计：合育文化

巨墓迷踪
JUMU MIZONG
发现之旅栏目组　编著
出版发行：上海科学技术文献出版社
地　　址：上海市长乐路 746 号
邮政编码：200040
经　　销：全国新华书店
印　　刷：常熟市文化印刷有限公司
开　　本：720×1000　1/16
印　　张：10.25
字　　数：146 000
版　　次：2021 年 8 月第 2 次印刷
书　　号：ISBN 978-7-5439-8010-5
定　　价：45.00 元
http://www.sstlp.com

目 录

吕氏家族墓葬群 / 1

墓穴的主人 / 14

"法医"考古 / 23

300 年前绝望的呼喊 / 30

包公遗骨漂流记 / 36

洋海古墓 / 46

巨墓迷踪 / 54

熊家冢 / 62

悬棺的主人 / 69

古墓夺宝 / 78

凤棺迷魂 / 90

无棺古墓 / 108

古颅悬疑 / 129

梳妆楼之谜 / 143

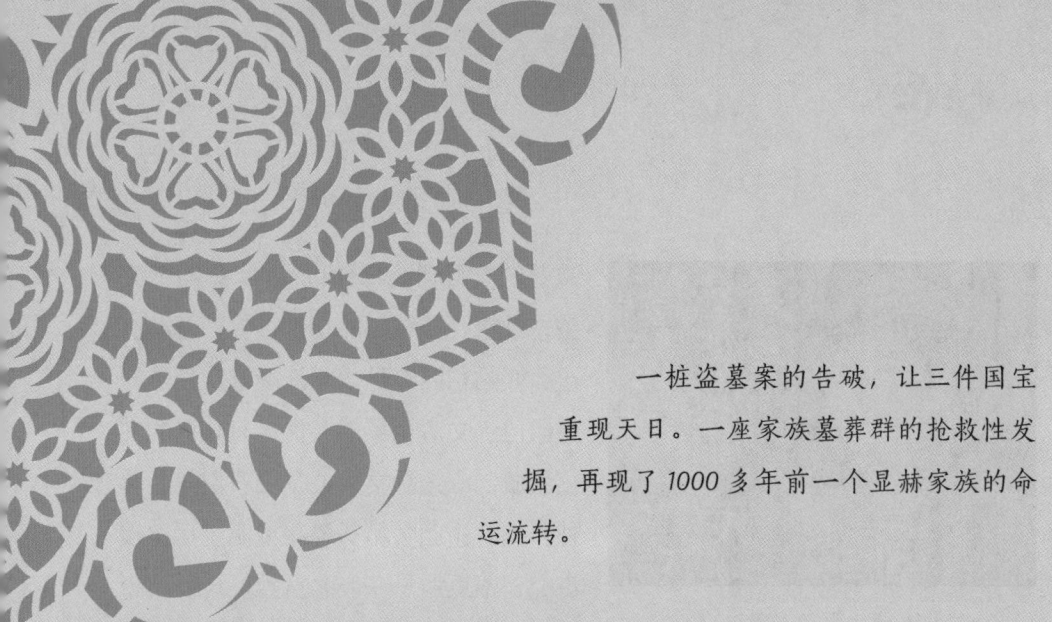

一桩盗墓案的告破，让三件国宝重现天日。一座家族墓葬群的抢救性发掘，再现了1000多年前一个显赫家族的命运流转。

吕氏家族墓葬群

2006年初，西安市公安局破获了一起特大盗墓案件，一时震惊了陕西省文博界。不久，抢救性发掘随之展开，让所有人没想到的是，这次发掘，不仅出土了大批精美绝伦的瓷器，而且完整地揭示了北宋年间陕西蓝田著名的吕氏家族的家族墓葬群。

2006年发生在西安市的这起特大盗墓案在我国的文物大省——陕西省曾轰动一时。

这起案件收缴的文物多达120余件，而且涉案文物的级别之高在全国也非常少见。其中数量最多、最精美的是北宋的瓷器。经有关部门鉴定，这批文物中，国家一级文物有3件：一台带铭文的歙砚、一个带金银扣的瓷壶和一个碗口像葵花瓣的葵口碗。文物数量之多，品相之精美，实属罕见。消息传到陕西省考古研究院，研究员张蕴第一时间赶到公安局对文物进行识别。

陕西省考古研究院研究员张蕴回忆，看到被

> **歙砚：** 四大名砚之一，是砚史上与端砚齐名的珍品，产于古歙州，以婺源龙尾山下溪涧中的石材所制最优，所以又称龙尾砚。歙砚始于唐朝，盛唐时歙砚非常盛行。宋朝歙砚获得了很大发展，精品不断涌现。元朝以后，歙石开采时断时续，但成砚依然大量涌现，成为明清宫廷和士绅之家赏鉴流连的珍品。

▲ 考古学家张蕴

▲ 墓中出土的歙砚

缴获的文物非常震惊。这批瓷器很完整，釉色、质地、品相都很好，墓葬有这么好的东西真是少见。能够使用这样的器皿、文房用具的人肯定有相当的文化素质，应该是文人或是书香门第。另外，拥有这么多精美瓷器说明生活比较讲究，不可能是一般老百姓。

从被盗文物的精美程度可以明确地推断，被盗墓葬是古代的贵族墓。

在清理被盗文物过程中，一方歙砚引起了考古人员的特别注意，因为在它背面的铭文中，有清晰的纪年——政和元年，也就是1111年，说明被盗墓葬应该处于北宋年间。

盗墓贼吕富平在供述中称，自己盗的是自家的祖坟。经公安机关查证，盗墓贼吕富平是陕西省蓝田县五里头村人。根据他的指认，所盗墓葬就在他的家乡五里头村附近。

这个重要线索让张蕴立即想到，被盗墓葬会不会就是陕西省蓝田县北宋年间著名的吕氏家族的墓葬呢？

吕氏家族当时是一个什么样的家族呢？

张蕴说，吕氏家族是从河南汲郡迁过来的，第一个到陕西的人叫吕通，他到长安做官，觉得蓝田的山水非常美，就在这里建立了自己的家。他做的官不高，可他是名门望族。吕通有2个儿子，一个叫吕英，一个叫吕蒉，吕英有3个孩子：吕大圭、吕大雅，还有一个叫吕大章，死得比较早。吕蒉有6个儿子，其中有2个早夭，剩下的4个是非常有名的四吕：吕大忠、吕大防、吕大钧、吕大临。

北宋历史上著名的"蓝田四吕"指的就是他们四兄弟,他们生活的年代大约在宋神宗和宋哲宗年间。兄弟四人均登科及第考中进士。其中吕大防在宋哲宗年间官至宰相,被誉为与司马光齐名的一代贤相。

最年幼的吕大临是四兄弟中最有名的,是我国最早的金石学家之一。以古代铜器和石刻为主要研究对象的金石学形成于北宋,而吕大临是北宋时期最有代表性,也是影响力最大的金石学家。

> **金石学:** 中国考古学的前身,形成于北宋时期。以古代青铜器和石刻碑碣为主要研究对象的一门学科,偏重于著录和考证文字资料,特别是其上的文字铭刻及拓片,以达到证经补史的目的。由于其未对器物的形制、划纹等进行深入的研究以及不能进行断代研究,故而未能形成完整的学科体系。金石学和考古学成为独立研究的部门,是宋朝学术的一大成就。

吕大临才气过人、志趣高雅,是我国历史上最早将青铜器铭文作为一门学问进行系统研究的学者,其所撰写的《考古图》一书,是流传至今最早的古器物图录,他也因此被誉为我国考古学先驱。

由于四兄弟在蓝田名望极高,他们的家族墓地也被当地百姓称为"吕氏四贤墓"。

▲ 吕大临撰写的《考古图》

根据盗墓贼的指认,所盗墓葬正是位于这片墓区之内,因此极有可能就是吕氏家族的墓葬。

张蕴说,在发掘前近一年时间,我们派人24小时值班,对墓葬加强保护。这期间,又发现了好几批盗掘的人。

蓝田县位于陕西省西安市境内,自秦朝设县,以产美玉闻名。当地有闻名中外的公王岭"蓝田猿人"遗址,以及因小说《白鹿原》而闻名的白鹿原等,而被盗的这片墓地正好与白鹿原隔河相望。

2007年底,陕西省考古研究院决定对被盗墓葬进行抢救性发掘,主持发掘的是研究员张蕴。考古工作的第一步是对这片墓区的分布进行初步定位。

张蕴带着工作人员进行了5次现场勘探。同时，为进一步了解吕氏家族的渊源，他们又对盗墓贼吕富平所在的五里头村进行了走访。

张蕴称，墓地在五里头村北100米的地方，这个村的人都知道这是吕家的墓地。离墓园500米还有一处吕家家庙遗址。

据村民们说，当年吕氏家族的人在家庙里教书育人，在当地极具声望。村民们口口相传的故事，进一步证实了考古人员的猜测。

在走访中，有一个疑问一直困扰着他们。为什么五里头村只有自称吕氏后人的盗墓贼吕富平一家姓吕呢？

张蕴说，他们自称是吕大临的远亲，他们的祖宗是被派来看守这个墓地的，所以独家独户留在这个地方。

如果盗墓贼吕富平的先人是吕家的远亲，吕家的直系后人又在哪里呢？

经过走访，考古人员发现，距五里头村3千米的侨村，村子里的人几乎都姓吕。他们会不会就是吕家的后人呢？

侨村住着二三百户姓吕的人家，这些人都说是吕家的后人，并很清楚他们祖宗的墓地在五里头村。

民间的传说、盗墓贼的供述，以及被盗文物上的铭文都印证着：位于五里头村附近的这片墓地就是吕氏家族的家族墓葬。

2008年6月，考古勘探工作基本结束。但是现场勘探中发现的一个问题让张蕴感到非常疑惑。

根据勘探资料，这批墓葬全是竖穴墓道，土洞墓式。也就是它的墓道像打井一样，是从顶上竖着挖下去的，是长方形竖穴。到了一定深度时拐弯，打一个像窑洞似的洞室作为丧葬的场所。里面没见到砖，大家很奇怪，吕氏家族出土那么多精美的瓷器，而且吕大防曾官居宰相，有经济实力，他们的墓葬怎么会使用这种形制？北宋时期土洞墓式和砖券墓是并行的。但砖券墓比较盛行。砖券墓既漂亮又坚固，富裕家庭都做成砖券墓。

砖券墓：一般明清帝王的高规格墓都是砖券结构的。这种结构解决了墓的跨度问题，是中国古代劳动人民的智慧结晶。曹操墓就是一座带斜坡墓道的双室砖券墓。

从事了近 30 年考古工作的张蕴，曾参与和主持发掘过多个帝王陵寝与其他高等级墓葬，这种情况还是第一次遇到。张蕴决定立即开始田野发掘，看是否能在墓中发现新的线索。

2008 年 6 月，田野考古正式开始。经过综合考虑，张蕴决定从最西边的一座墓葬开始发掘。让她感到欣慰的是，挖掘不久就有了重大发现。

张蕴说，挖到 3 米多的时候，发现墓道两边有壁龛，壁龛里出土了墓志。第一盒墓志是吕大雅的。墓志上说，他是吕氏家族的，他的祖宗是谁，父亲是谁，这就比较能确定他是吕家的后人了。

吕大雅是吕大临的叔伯兄弟，他的墓志出土，说明这里确实是吕氏家族的墓地，验证了最初的猜想。

很快第二座墓被挖开。张蕴没想到，这座墓一开始就是一个谜。

张蕴说："第二座墓我们编号是 M2。这座墓和吕大雅的墓并行，在吕大雅墓的东侧，墓很深，墓道的深度 12.5 米。在 10 米处发现了砾石层。"

根据考古经验，为了墓葬更加坚固，墓室一般会建在坚硬的砾石层之上。而奇怪的是，这座墓在探铲打到砾石层时，墓道却还没见底，真正的墓室到底在哪里呢？

张蕴说，挖到 3 米多的时候，出现了一个很奇怪的现象。从竖穴墓道下去后，北边有一个拱形门。顺着门进去，发现是一个比较小的长方形墓室，但里面没有存放任何东西，是一个空穴。

墓室上方发现了明显的盗洞，墓室里空空如也，但是墓道还远远没有见底。根据多年的考古经验，张蕴做出了两种猜测。一个可能它属于 M2 的配套设施；另一个可能是一个

▲ 2 号墓挖掘现场

近现代墓葬和这个古墓葬重合。

　　清理完墓室后,考古人员继续沿着墓道往下挖,让他们惊讶的是又发现一个墓室。

　　张蕴说,挖到7米多的时候,又发现一个墓室,比上面那个墓室稍微大一点。这个墓室的北端,还带有一个壁龛,壁龛也是空的。没有被盗的痕迹。

　　张蕴认为,第二个空穴肯定不是近现代人墓葬的重合,它应该是2号墓的配套设施。

　　在清理完第二个墓室后,墓道仍没见底。如果这两个空墓室都是2号墓的配套设施,那么真正的墓室在哪里呢?

　　挖到12.5米的时候,墓道见底,墓道生土出来了,说明墓道已经做完了。墓道北端也看到了墓室的开口。

　　张蕴说,我们已经穿过了砾石层,可很奇怪,这个墓室入口后并没有到底。

　　墓道已经到底,但还是找不到完整的墓室。

　　又往下挖了3米,深达15.5米墓室才到底。这个墓葬形制很特殊,墓道底部高于墓室底部,墓室是低的,墓道是高的。张蕴说,以前发掘的好多墓葬或是平的,或是墓室稍微高一点,这个却形成了一个坑,就暂时叫它坑式墓室。

　　这座墓的主人会是谁呢?为什么如此精心地布下这么多迷局呢?

　　此时,几个月来,一直深藏在心中的一个期待浮现在张蕴脑海中——这座设计如此精巧的墓葬会不会就是吕大临的呢?精心布置的迷局会不会就是这位被誉

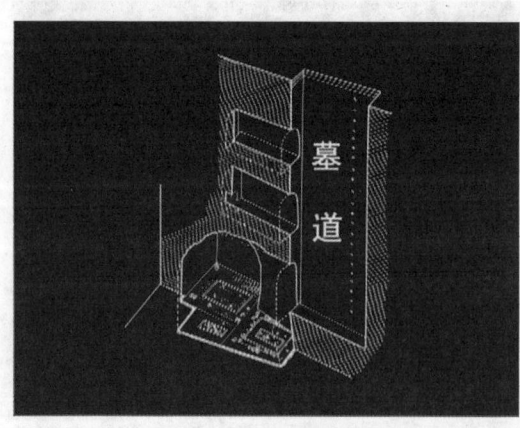

▲ 2号墓剖面图

为我国考古学先驱的金石学家为了防盗而设下的障眼法呢？如果真是他的墓葬，不论是对研究北宋士大夫阶层的生活，还是对于考古学本身，都是一个巨大收获。

为了寻找答案，张蕴马上和工作人员着手清理墓室。

张蕴说，这个墓葬很大，有前室和2个后室。2个后室是并列的，中间有一个生土的隔梁。根据前室出土的围棋、砚台，它应该是一个男人的墓葬。后室可能是两个女人的墓葬，因为有脂粉盒类的物品。但这个墓葬没有墓志，墓主人的身份成了一个谜。

> **士大夫：** 产生于战国，是知识分子与官僚相结合的产物，中国历史上一个特殊的集团。孔子鼓励知识分子"入世"，做官参与政治，以报效君王和国家，因而绝大多数"士大夫"都怀有崇高的道德使命感。士大夫阶层和"科举制度"相伴相生，科举制度的消亡也就意味着士大夫阶层政治制度保障的缺失。1905年停止科举后，士大夫也就成了一个历史名词了。

墓室中虽然没有找到墓志，但让人欣慰的是，里面出土了一大批精美文物。尤其是大批的瓷器，造型考究，品相精美，制作精良。从这些雅致讲究的器物中能否找到墓主人相关的线索呢？

2号墓的发掘持续了两个多月，几乎每天都有各种各样的疑惑和谜团萦绕着张蕴。这座不用任何砖券的土洞墓深度达到15.5米，中间设有2座空的假墓室，真正的墓室深藏在墓道之下，而且在墓室中没有找到墓志。

为了寻找墓主人，张蕴把最后的希望寄托在墓室中出土的器物上面，看能不能在器物中找到蛛丝马迹。

在清理墓室时，工作人员发现墓室中竟然有一处明显的盗洞。

张蕴说，到了底部的时候，发现它有扰动痕迹。就是说早年被盗过，因为很多东西在离墓底还有3米的时候，就陆续出土了。

为什么判断它是早年被盗的呢？

张蕴说，我推测可能是北宋灭亡后被盗了，因为大量瓷器盗墓者基本没要，有一些瓷器被打碎了。如果是现代的盗墓者，可能连一个瓷片都不会剩下，被拿走的是当时认为比较值钱的金银器。

墓葬虽然被盗过，但好在许多精美的瓷器还在。在清理过程中，两件特

▲ 石敦上的文字说明石敦是吕大圭赠给吕大临的

别的石敦引起了张蕴的注意。

张蕴说，石敦的腹部刻有文字，上面写着，这是吕大圭赠给他的兄弟的。至于是哪个兄弟没说，只说吾弟任重而道远，但是后面那句话没说出来，就是指你怎么能够英年早逝呢？下面是秘书省正字，与叔。秘书省正字是吕大临的职官，与叔是吕大临的字。他虽然没明确地说这是大临的东西。与叔两个字的出现，说明这两个敦是属于吕大临所有。

刻在石敦上的文字清晰地说明，石敦是兄长吕大圭赠送给吕大临的，也就是说，2号墓出土的石敦的主人是吕大临。联想到发掘2号墓过程中墓主人精心设下的种种障眼迷局，张蕴怀疑这座墓的主人极有可能就是吕大临，那些迷局可能是这位对古器物深有研究的金石学家精心设计的。

张蕴说："只凭石敦上有大临的字和他的职官这一个孤证，不能确定，还需要有其他证据。所以当时我没有说它是吕大临的墓。"

吕大临墓葬的谜底一时无法揭开，于是张蕴继续安排下一座墓葬的发掘。

张蕴觉得3号墓也很奇怪，墓道的开口规格和1号墓、2号墓一样，但是挖下去时，深度只有7米多就找到墓室了，而且墓室很小，也是空的。

面对又一座空墓，张蕴感到十分困惑和遗憾。就在她以为这座墓葬会一无所获时，一个意外的惊喜出现了。

这个墓虽是空的，可是在挖坍方的过程中，发现它旁边有一座小墓，是北宋墓葬，而且确实是吕家的，它有墓志。这是一个小姑娘的墓，女孩叫吕倩容，只有22岁。墓志记载，她是吕大防最钟爱的一个孙女，吕大防出去做官，以至于后来被发配都带着这个女孩。女孩从小聪明好学，且琴棋书画样样精通，可惜死得太早。死前还没嫁人，死后就埋在他爷爷的旁边。

这个意外的收获让张蕴非常兴奋，因为根据墓志的记载推断，她旁边的那座空墓应该是她的爷爷吕大防的。

> **衣冠冢**：即葬有死者的衣冠等物品，而并未葬有死者遗体的墓葬。这是因为死者的遗体无法找到，或已葬在另一处，再于此地设衣冠冢以示纪念，纯属象征性的墓葬。《汉书》记载："黄帝以仙上天，群臣葬其衣冠。"这是目前最早的有史可查的衣冠冢。

但是新的问题又来了，根据史书记载，吕大防考中进士后，一直在朝廷做官，宋哲宗年间，他官至宰相。按理说，他的墓室不可能那么小，也不应该是一座空墓。

张蕴认为，可以判定这是一个衣冠冢。

官至宰相的吕大防作为吕家曾经的骄傲，为什么在家族墓里只有一座衣冠冢呢？根据史料和对吕氏后人的走访，张蕴终于找到了答案。

吕大防当宰相后，忌妒的人很多，小人也很多，后来他被人陷害贬官，最后被贬到广东。当时他已是70岁的老人，途中他万念俱灰，觉得可能再没有机会回来了，心情很不好，途中病倒后，他对长子吕景山说，我可能再没机会回去了，幸亏留下你这么一个血脉。吕大防在途中亡故。因是被贬官员，他整个家族都受到牵连。儿子景山不敢把他立即运回去，于是把父亲收殓后，扶着灵柩往东到广东惠州。

张蕴说："景山把他父亲葬在那儿了。后来平反昭雪时，大防的兄长吕大忠找机会禀告皇上，说吕大防已死，希望能让他回来安葬，哲宗答应了。但实际可能只迁了衣冠，这是吕家后人说的。这跟我们的发掘对上了，所以3号墓能够确定是吕大防的了。"

从2008年6月到2009年底，整整一年半时间，张蕴带领工作人员，一共发掘了29座墓葬，其中成年人墓葬20座，小孩墓葬9座，共出土墓志24盒。根据墓志记载，绝大部分墓葬的墓主人都能确定下来，唯独被张蕴怀疑是吕大临墓葬的2号墓找不到墓主人。

张蕴的猜测是否正确？能找到新的证据吗？

张蕴决定先对29座墓葬的资料进行梳理，看能否从墓葬的排列规律中找到新的线索。

经过梳理，考古学家们大致排列出了已发掘到的有文字记载的吕氏家族的家族谱系，并对这个墓地的结构有了一个完整的认识。墓葬的排列分成纵横两条系列。从纵的关系上说，整个墓葬群南面为大，最南端的是吕通的墓葬，他的北面是吕通的2个儿子，再后就是他的孙子、重孙子，越往北辈分越小。横向排列是爷爷、父亲、孙子、重孙，共5代人，第5代人只有那个22岁的小姑娘。实际上第5代人大部分都没有葬在这里。

根据墓志记载，吕氏家族墓地中所葬的这5代人，大多生活在宋神宗至宋徽宗年间，也就是1074—1116年，而到1127年，北宋政权南迁后，这片墓地就不再使用了。

将吕氏家族的家族谱系依次排列出来后，张蕴认为，没有墓主人的2号墓正好就应该是在叔伯兄弟中排行第七的吕大临的位置。

张蕴介绍，理由有三：第一，墓葬整个排列顺序清楚后，大字辈的人一共9人，一字排开，9座墓葬都找到了。在大字辈的墓葬中只有二号墓因早年被盗墓主不明。第二，吕大临人所周知，是大字辈成员，而他的墓葬却找不到。第三就是2号墓里出土了大圭送给大临的器物。

最终确定谜团重重的2号墓就是金石学家吕大临的墓后，张蕴开始反过来一步步地寻找那些谜团的答案。比如墓葬都采用土洞墓，都打得很深，甚至在砾石层以下。

张蕴认为，墓很深，在砾石层之下，且越往后墓葬造得越深，可能是为了坚固。另外，防盗掘也是一个很重要的因素。它不用任何砖，封门也用土坯，这也应该和盗掘有关系。它和土混在一起，不好辨别。现在我们拿洛阳铲把土打出来，根据土的颜色来辨别，但宋朝是没有洛阳铲的。整个墓葬不见砖，让你搞不清哪儿是墓，哪儿是土。

2009年底，吕氏家族墓的田野发掘全部结束，工作人员将墓葬中出土的文物运回陕西省考古研究院，开始做细致的室内研究。

▲ 耀州窑青釉瓷器

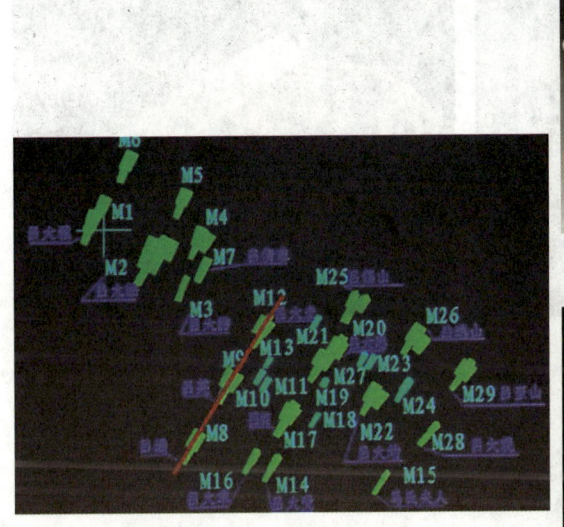

▲ 吕氏墓葬排序图

景德镇湖田窑青白釉瓷器 ▶

在这么多的墓葬中哪一座墓葬出土的文物给张蕴印象最深呢？

张蕴说："2号墓出土的东西最多，也最精美。有耀州窑的瓷器，还有建窑的兔毫盏、景德镇湖田窑的青白釉茶具，以及非常精美的茶壶、香薰。"

经过初步整理，吕氏家族墓中共出土文物600余件。其中耀州窑青釉瓷器、景德镇湖田窑青白釉瓷器、建窑茶具、定窑瓷器等都制作精美、形制完整，不但为研究宋朝制瓷工艺提供了更多更完整的标本，而且在审美鉴赏方面也不失为一批难得一见的艺术珍品。

在众多的茶具中，一个铜质的渣斗引起了研究人员的特别注意。

张蕴说："渣斗是当时用来装残茶叶的，喝完的残茶倒在这个渣斗里。有一些茶叶渍在器皿的壁上，印迹非常清楚。"

除了餐具、茶具外，文房用具中各类砚台也是难得一见的珍品，其中有

▲ 建窑茶具

▲ 脂粉盒

带铭文的歙砚、豆绿色俏红边的贺兰石砚、鱼肚白的澄泥砚等。另外还有女子使用的各类闺阁用具，如脂粉盒、发簪等。

这些精致考究的生活用具，不仅让人们看到了北宋士大夫阶层的生活情态，也彰显着蓝田吕氏家族书香门第的传统。

为什么墓葬里金银器等不是特别多呢？

张蕴说："出土的这么多文物中主要是瓷器。唐朝是金银器多，但到了宋朝，随葬金银器是非常奢侈的一件事情。宋朝可能讲究更雅致的一些东西。所以在闺阁用具里，妇女的装饰品非常少见。作为这样一个大家族，有这么多女性墓主，却没有特别明显的、很精美的装饰。可能吕家的家教非常严格，是比较讲究朴素、低调的一个家族。"

除了出土的文物精致讲究外，张蕴发现，这片家族墓地也是吕家人精心挑选的。

张蕴认为，墓地应该是很有讲究的，它坐北向南，能充分地接受阳光。另外，土层非常深厚，且土质很坚硬，适合于营造比较深的墓葬，为他们建造土洞墓室提供了一个先天条件。另外，墓地背靠骊山，面对灞水，依山傍水，这在风水学上非常好。水是财气，在墓地的两边，又有两条灞河的支流把墓地环绕起来。当地人到现在还说吕家选的这个墓地有二龙戏珠之势。

张蕴表示，蓝田吕氏家族墓地应该是她退休前的最后一个田野发掘工地。这个1000多年前显赫家族的墓地中有着太多精美宝贵的文物需要仔细整理，也还有不少的谜团等待人们进一步破解。

田野发掘工作的完成对张蕴来说，意味着另一个工作的开始，就是通过文物的整理，揭示北宋时期吕氏家族及他们所代表的士大夫阶层的真实生活状态。

一个偶然的发现，

使一座令人们颇感困惑的千年古墓得以展现在人们面前：

它规模宏大，却虎头蛇尾，是个"半截子工程"；

它规格甚高，却凌乱不堪，严重有悖于古代严格的丧葬礼法。

墓穴的主人

1984年中一个星期日的中午，江苏省徐州市狮子山村小学的几个学生在一个刚刚被推土机推出的采土场玩耍时，偶然发现了一些有鼻子有眼用泥土烧成的小人头……闻讯而至的文物专家在考察完发现"小人头"的现场后，发现泥土里不仅仅只有"小人头"，而且有身体，它们是一个个人形陶俑。已被发现的这几十个陶俑虽然已身首异处、残破不堪，但从形制上看它们之间的差别不大，应是群体性的一组。专家认为，这可能是一个重大的

▲ 上千人的陶俑群从地下凸显出来，五官清晰，但个头比真人小了不少

发现，在周边还应该会有类似的陶俑出现。于是，立即找人封锁了现场，并把初步勘察的结果向上级进行了汇报。

一、神秘的"军阵"

徐州市的有关部门对这一发现非常重视，把市里最主要的考古人员全都调往现场。经过大约60天的探察，到了该年年底，共发掘出了5个俑坑，出土了4000多件陶俑。陶俑的姿态主要有立式和坐式两种，包括官员俑、卫士俑、发辫俑、甲士俑等10余种，但唯独没有一个女人俑，而且动物俑也只有马俑，其性质非常单纯。由此专家断定：这是一个兵马俑军阵。

提到兵马俑，人们首先会想到西安的秦兵马俑。秦俑不仅和真人的大小差不多，而且俑的表情、服饰、发型都各不一样，似乎每一名陶俑都有各自的性格特点，是完完全全真人的复制。而这次出土的这些兵马俑显然无法和秦俑相比，从俑的形象上来说：这些俑的神情都很相像，相同兵种的俑更加类似，应是从同样的模子里铸出来的；从俑的大小和俑阵的规模来看：这些由几十厘米高的陶俑组成的只能算是缩小版的军阵……在考古专家眼中，这些兵马俑与秦俑唯一的共性就是——它们主人的身份都非同小可。因为在中国古代礼制中，只有皇帝或者是身世显赫的人下葬才能使用兵马俑。那么，徐州狮子山兵马俑的

> **陶俑：** 战国时期，随着殉人制度的衰落，陶俑替代了殉人陪葬。俑的使用是为了使死者能在冥世继续如生前一样生活，所以俑对研究古代的舆服制度、军阵排布、生活方式有着重要意义。世界上最著名的陶俑是秦始皇兵马俑，被誉为"世界第八大奇迹"。

▲ 徐州狮子山汉墓兵马俑军阵

▲ 秦兵马俑军阵，是完完全全的真人复制

主人又会是谁呢?

二、踏破铁鞋觅王陵

根据已掌握的情况,历史上从来没有哪位皇帝葬在徐州,这里级别最高的统治者是西汉时期中央册封的同姓诸侯王——楚王,共12代,他们死后都葬在了徐州周围地区。通过前后比较,用军阵送葬如此高级别的葬礼,是只有楚王统治徐州的时候才有资格、有条件、有能力完成的杰作。那么,兵马俑的主人可能就是这12代刘姓楚王中的一位,但他是哪一位呢?

洛阳铲: 又名探铲,形状为半圆柱形的考古学工具。用来探测地下土层的土质,以了解地下有无古代墓葬。著名的考古学家卫聚贤于1928年将其运用于考古钻探,在殷墟、偃师商城等古城址的发掘过程中发挥了重要作用。

发现兵马俑的狮子山是一个高出地面只有61米的小山包,考古专家根据以往的经验判断,兵马俑的主人墓应该就在狮子山上。但狮子山几十厘米的土层下就是石头,探墓用的洛阳铲在此毫无用武之地;当请来地质物探方面的专家携带众多先进仪器忙碌了数十天后,虽然在仪器上发现了一块导电异常区,地质物探方面的专家也肯定地说这就是墓道,但出乎意料的是,挖了不到1米深就是基岩,再挖,不到1米还是基岩……这次用科技手段找墓算是彻底失败了,但仪器为什么会如此显示,专家一时也解释不清。随后的几次找墓行动也都无功而返……

1991年的一天,一位一直在苦苦寻觅的考古专家偶然在两个村口下棋老汉的闲聊中听到早年有人在山上挖过红薯窖,这无异于一声炸雷惊醒梦中人。因为在经验丰富的考古专家看来,这是一个十分专业而又简单的问题。它只有一种合理的解释,就是山岩之中原本没有大面积泥土,是后来人为搬运而来,也就是说红薯窖正好挖在墓穴的填土层上。于是他立即找到那家挖过红薯窖的农户,并聘了几名农工挖了起来,一连挖了3天。就在第三天的中午,泥土中终于露出了一块很大的石头。当考古学家小心翼翼地慢慢拨开泥土,就在这块石头上,人们惊喜地看到了人工开凿的痕迹。又继续挖了半天,底下仍然是布满人工凿痕的石壁。这就是说，历经数年的苦苦寻觅，人们终于找到了深埋地下千年古墓的墓道墙壁。

三、王陵现世，疑窦丛生

1992年12月16日，考古工作者对狮子山汉墓进行了一次尝试性发掘。发掘中，在这里发现了文物，但同时也发现了盗洞。这就是说，狮子山汉墓可能是一座已被洗劫一空的墓葬。1994年11月，国家文物局批准发掘主墓。到1995年1月11日，主墓的外部结构已全部呈现在人们眼前：主墓室的门口堆放着几块每块重达五六吨的巨大条石，这是下葬者为了防止主墓室被盗而用来封堵墓门的塞石。其中有的塞石已经被拉了出来，而且上面还扔满了各种文物。考古人员估计，这可能是盗墓贼所为。在对墓室的清理过程中，除了可见大量铜钱外，还发现了一些名贵的玉器。更令队员们的心狂跳不已的是，塞石上还出现了无数的玉片，在个别

▲ 徐州狮子山汉墓外墓道

▲ 凌乱的墓门口

▲ 塞石和它上面的"牛鼻眼"。当年盗墓贼也不知是采用了什么手段将这一块块重达五六吨的巨石拉了出来

▲ 墓穴中的钱库

▲ 出土的玉璧

金缕：汉朝规格最高的丧葬殓服，大致出现在西汉文景时期，外观与人体形状相同。玉衣是穿戴者身份等级的象征，按死者等级分为金缕、银缕、铜缕，皇帝及部分近臣的玉衣以金线缕结，称为"金缕玉衣"。

玉片上还发现了缠绕在上面的金丝。专家推测，这些白玉应该是墓主人下葬时身上所穿的金缕玉衣的玉片。盗墓贼行窃时，可能因为光线太暗，便将玉衣拖到了墓门口，一片片拆散，抽走了上面的金丝。而玉璜、玉璧等这些更名贵的宝物，都是王室的标志性器物，盗贼即使把它们拿到外面也没有任何用处，不但无法换成金钱，还有可能招来杀身之祸。由此看来，盗墓的时间离下葬的时间应该不会相隔太久。

虽然从墓穴中出土的大量盗墓贼窃后残余的文物中，仅金缕玉衣一项就足以说明墓主人的楚王身份，可由于金印等可以说明墓主人究竟是哪位楚王的直接证据早已被盗墓贼席卷一空，这不

▲ 墓室内的金银器被洗劫一空

能不说是一个巨大的遗憾。但在遗憾之余，联系从发现、到发掘、再到清理的全过程，这座西汉诸侯王的墓葬与以往发掘到的西汉诸侯王墓葬存在着许多不同之处，让考古工作者们迷惑难解。

首先，俑坑十分随意、简陋，就连坑中的岩石都没有除去。按理说陶俑应按诸兵种统一布阵下葬，但在这里都混在了一起，就像胡乱堆进去的一样。而这一切在注重礼教的中国古代，是要冒杀头之罪的、是不可思议的。

第二，用来堵塞墓门的每块塞石上都有确定其应在位置的标码，但工匠们并没有按照标码摆放。看来，当时工匠们是将大小差不多的塞石胡乱往门口一放，只要能堵住墓门就行了。

第三，一般西汉早期的王室墓葬，棺椁都停放在后室。然而在这座墓中，墓主人的骸骨却被安放在后室前面的一间侧室。这在讲究礼仪的中国古代，可谓是一个天大的纰漏。

最后，从整个墓葬工程看：墓道门口的巨石没有被移走；大多数墓室的墙壁没有加工平整，有一间墓室根本没有凿完；后室地面凹凸不平，而且还有继续向后开凿的趋势；更有甚者，偌大的地宫中居然没有发现厕所，因为在徐州地区已经发掘的其他早期汉墓中，厕所是最常见的设施。在汉朝，人们认为人死了，只不过是换个地方继续生活，所以在人间的一切，都要在地宫中得到反映，厕所在所难免……种种迹象表明，楚王陵地宫根本就没有彻底完成。

那么，为什么地位如此显赫的楚王会被葬在一个根本就没有完成的陵墓中呢？会不会是因为陵墓没有建成，楚王就突然去世了呢？还是因为工程浩大，没有经费最终完成地宫呢？这两种猜测都可以解释楚王陵没有完工的原因，却无法解答兵马俑军阵仓促放置的谜题。因为，兵马俑的摆放不需要花费很长时间，楚王突然去世和工程经费不足不至于使兵马俑摆放混乱。这种种反常现象的背后一定还有更加复杂的原因。

四、层层排查,墓主显形

由于缺乏直接断定墓主人身份的证物,考古工作者只能通过对墓葬中发现的文物进行研究,试图从中寻找能够反映墓主人身份的蛛丝马迹。先是采用排除法:由于在墓葬中出土了总计约17万枚的铜钱,且都是"半两"钱。"半两"钱是汉武帝元狩五年(公元前118)之前的一种流通货币,由此考古学家推断:墓主人应是从西汉建国到公元前118年这一时期内的楚王,这就将寻找范围从12位缩小到了5位;再就是清理陵墓时发现的200多枚印章,其中有一类是楚国下属郡县官吏的,如下之右尉、兰陵之印等。又通过对照史籍,楚国辖地在西汉前期和"七王之乱"后是不一样的。由于在其中发现了先属于楚国,后被中央政府收回的部分郡县官员的印章,因此,可断定这位墓主人是在楚国疆域变化前下葬的。鉴于第四代楚王在位的时间是在"七王之乱"之后,因此可确切地说墓主人是前三代楚王之一。

接下来再通过筛选法:由于第一代楚王刘交的陵墓已被找到,在今天的铜山区夹河乡一个叫楚王山的地方,因此可以排除;第二代楚王刘郢客在位只有4年,按当时的生产工具和技术条件是无法完成如此规模陵墓的工程的,因此也可排除;这样,就剩下第三代楚王刘戊了。那么,陵墓的主人是不是他呢?

> **七王之乱:** 公元前154年,以吴王刘濞为中心的7个刘姓宗室诸侯因不满国家削减他们的权力,兴兵引发的一场内乱,后来被窦婴、周亚夫所平定。七国之乱的根源,是强大的王国势力与专制皇权的矛盾,而导火线则是汉景帝刘启采纳晁错的《削藩策》。

> **刘戊:** 西汉楚夷王刘郢客之子,为汉封国楚国之楚王,在位时间为公元前174—前153年。景帝二年,薄太后去世。刘戊在服丧期间饮酒作乐,被人告发。刘戊遂与吴王刘濞反叛。战败后,吴王逃走,刘戊自杀。

五、真相大白

从墓葬的工程量上看:第三代楚王刘戊在位20年。这段时间正是汉朝

"文景之治"的繁荣阶段,也是楚国国力最强盛的时期。按照帝、王在登基的第二年就开始为自己修墓的汉朝葬制,刘戊有充足的财力和时间来为自己建造一座大规模的陵墓。从这一点上看,与墓葬的规模是相符的。

从墓主人的年龄上看:刘戊因参加"七王之乱"兵败后畏罪自杀,当时也就30多岁。而对墓主人骨骸用现代科学仪器进行研究显示:男性,身高1.73米左右,年龄35岁左右,非疾病和中毒死亡。两者之间至少在年龄上是相符的。

于是,人们通过史籍中的点滴线索,推理出了这样一个故事梗概:汉景帝二年,薄太后去世,举国服丧。作为当时一个十分强大诸侯国的国君,唯我独尊的楚王刘戊根本没将此事放在心上,公然在太后的丧期内肆无忌惮地淫乱享乐。消息传到了朝中,大臣们强烈要求杀掉刘戊,但念记兄弟之情的汉景帝只是将一些楚国的封地收归中央以示惩罚,并没有深究刘戊的罪责。但刘戊并没有感恩戴德,反而记恨在心,成为不久后吴王反叛中央政权的帮凶,这就是历史上著名的汉初"七国之乱"。

叛乱不久就被平息,刘戊自知罪孽深重不得不自杀身亡。刘戊死后,楚国一方面向中央政府请罪,另一方面利用长安与楚国相距1000千米消息不通之机,打了个"时间差",匆匆以王者之礼抢先一步将刘戊下葬,给中央政府制造了一个"既成事实"。在下葬过程中,由于修了近20年的地宫还没有最后完成,棺椁就只好放在了一个临时的位置上。又由于刘戊生前已经是一个叛王,其家族明知中央政府决不会允许他使用兵马俑来作为陪葬,因为这如同让他在地下还能带兵,等于鼓励其他的诸侯王继续造反,因此只能偷偷胡乱

▲ 根据墓主人头骨复原的楚王像

掩埋……

当时的真实情形谁也无法知道了，只剩下合理的推测，也许，这就是狮子山兵马俑摆放凌乱不堪的原因。

如今，2000多年前的显赫荣华已经远逝，留下的只有枯骨一堆。好在现代科技能根据头骨的轮廓特征复原出这位楚王当时的容貌，还有那《汉书》上抹不去的名字——刘戊，将和这座地宫一起，向后人诉说那段遥远的故事。

2000年2月,北京市石景山区老山发现了一座西汉时期的墓葬,引起了社会各界的关注。墓葬至少有8米深,从墓室的规模和大量精美的随葬品看出,这不是一座普通的墓葬,考古学家初步判定可能是西汉时期的一座王侯级墓葬。

"法医"考古

随着老山汉墓"重见天日",一个个历史谜团随之而来。墓棺开启之后空无一物,而在前墓室却发现了一具尸骨,这是不是墓主人呢?

经鉴定这是一具女性尸骨,年龄30岁左右。但关于尸骨的种族、身份却出现了争议。中国社会科学院潘其风教授判定女尸是中原汉族人。而另一个单位在对尸骨进行了颅骨面貌复原后,却得出完全不同的结论:这是一具来自西域的古尸。

吉林大学考古DNA实验室教授朱泓称,北京市文物研究所和我们吉林大学边境考古研究中心联系,委托我们和他们合作,共同对老山汉墓

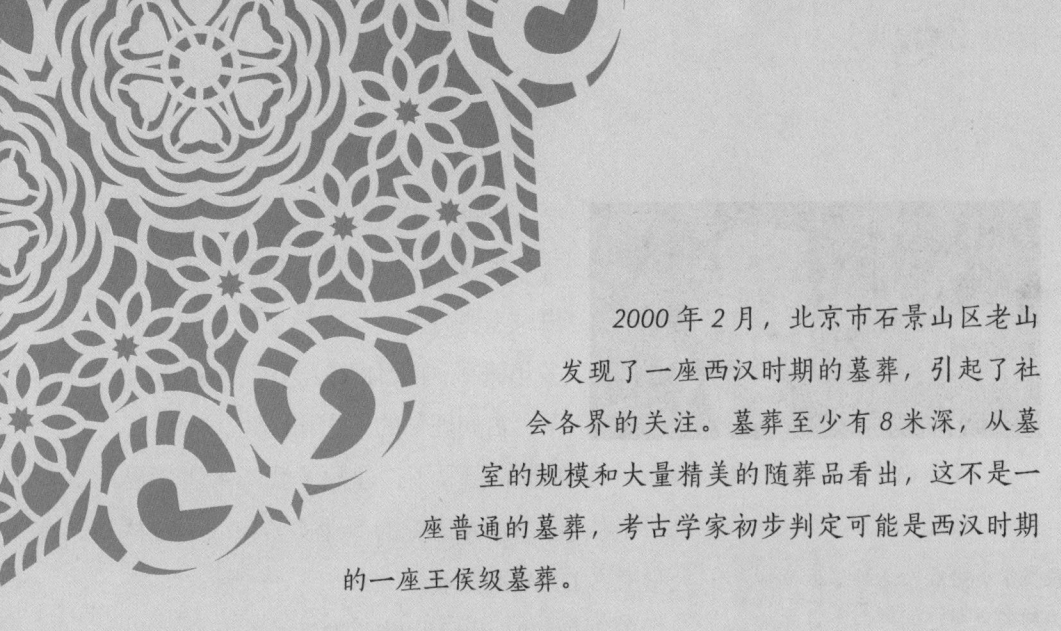

▲ 棺椁外凌乱的尸骨证明盗墓者的光临

DNA测序技术:目前用于测序的技术主要有双脱氧链末端终止法和化学降解法,其原理是根据核苷酸在某一固定的点开始,随机在某一个特定的碱基处终止,产生A、T、C、G 4组不同长度的一系列核苷酸,然后在尿素变性的PAGE胶上电泳进行检测,从而获得DNA序列。

▲ 朱泓将为我们解开古尸之谜

体质人类学：通过人类群体体质特征、结构的剖析，探讨人类自身的起源、分布、演化与发展，人种的形成及其类型特点，以及现代人种、种族、民族的分类等问题的一门科学。中国的体质人类学可以上溯到战国时期的中医著作《黄帝内经》，该书记载了不同地域人类的体质特征、骨骼和内脏器官度量等方面的资料。

分子考古学：利用人类基因组的分子分析以及DNA遗传信息等分子生物学手段来揭示人类起源、民族演化、古代人群的遗传结构、古代社会文化结构等多方面、多层次的问题的学科。其研究对象包括一切古代分子，如古DNA分子、古脂肪酸分子以及非生命物质中的化学分子等。

的人骨进一步研究。

朱泓1982年毕业于吉林大学历史系考古专业，毕业后留校任教。他多年来致力于体质人类学和古人种学、古病理学的教学和研究。1998年在他的倡导下，建立了我国考古学界第一个从事古DNA研究的专业实验室——吉林大学考古DNA实验室。

朱泓称，21世纪世界考古学，有几个前沿领域被认为是最重要的领域。其中一个就是"分子考古学"，是用分子生物学的方法来研究考古学的问题，主要就是提取DNA。

古DNA就是从考古发掘出的古代人类和动物遗骸，以及古生物化石中提取的古代生物分子。人们把古代DNA数据与现代基因库中的数据资料相比对，可以探索人类的演化与迁移等重大问题。

发掘清理墓室填土时，发现了大量木头垒起的木墙。考古工作者非常惊喜，因为这种墓室结构就是历史记载中西汉时期，皇室成员才可享用

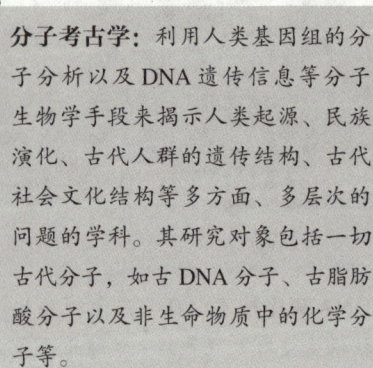

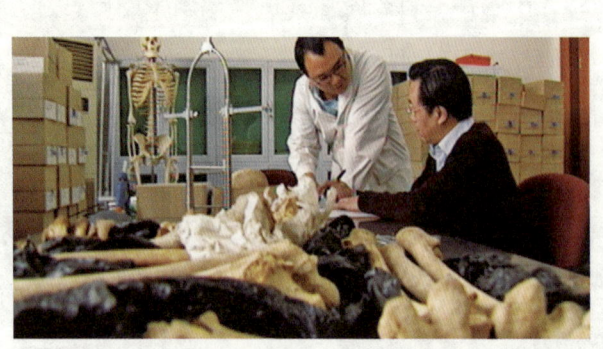

◀ DNA是打开古尸之谜的一把钥匙

◀ 墓葬的形制证明墓主人的身份

的、被称为"黄肠题凑"的厚葬形式。由此墓主的皇族身份确定了。

继续挖掘时，古墓越往下越小。而且墓葬的上面比较精细，下面却越来越粗糙，这奇怪的现象似乎也预示着墓主人身份的变化。当把墓棺徐徐打开时，大家倒吸了一口凉气，棺内居然空无一物。

朱泓认为，通过发掘发现，这个墓很有可能在古代时就被盗了。

在墓葬前室西南侧，考古工作者意外发现了一具尸骨，头向东南方向，身体呈俯卧状，一只手臂放在背后，有明显被拖拽的痕迹，有人猜测是盗墓者的尸体。

朱泓称，因为盗墓贼之间为了争夺财富，互相残杀。有的人先上来，一旦把东西拿到手，他就把盗洞封死了，少一个跟他分赃的，这种情况也是可能的。

但是接下来的考证，却让所有人吃惊。专家们发现，在尸体右侧的肋骨部位有珍珠花，玉带钩小巧玲珑。而漆案下已经压碎的漆器残片有些也是首饰盒上的饰物。综合显示，这具尸骨应该是一位女性，而且她很可能是一位西汉王妃。

2002年10月23日，这具尸骨被运送到了朱泓的考古DNA实验室。

这项工作交给朱泓来做，并非偶然。小学时的朱泓就对医学、生物学等很感兴趣。中学毕业后，曾在吉林卫生学校当了4年的解剖学教师，直到

◀ 残落的随葬品碎片是墓主人的名片

1978年考上大学。

朱泓回忆，小的时候，我就对周口店的北京猿人非常感兴趣。我想我们现在所有的人都是从猿变来的，那么从猿到人的中间环节究竟是什么样？为什么从猿能够发展成人？对这些问题我非常感兴趣。

由于当时学校缺少能够讲授骨骼鉴定等相关专业的老师，而朱泓在高考前曾当过卫校老师的经历，使他同时具有了老师和学生的双重身份。

吉林大学考古专业二年级的学生朱泓，在学习专业课的同时，还给大三、大四的师哥师姐讲体质人类学的课程。朱泓毕业留校，成为吉林大学考古专业的老师。

尸骨运到实验室后，朱泓和工作人员就着手进行古DNA检测和颅骨三维图像复原，但刚开始就遇到了问题。

朱泓称，北京市文物研究所把老山汉墓的所有人骨送到吉林大学以后，我们就对这些材料进行分析，很快就发现了问题，送到我们手里的这个头骨是一个破碎的头骨。

尸骨历经近2000年的腐蚀和盗墓时的损毁，出土后，对颅骨雕塑复原时，又有一些损坏。所以当老山汉墓女主人的颅骨交到朱泓手里时，已经面目全非。

朱泓把那些粘接部分去掉，把颅骨小心地拆开、编号，然后重新粘接。

无数次的对比重组，研究人员整整一个月都沉浸在这幅"拼图"里。

这位"西汉王妃"真的是一位高鼻梁、深眼窝的西域美女吗？这一切还要耐心等待三维颅骨复原图像，才能找到答案。

朱泓说，我们根据他的人种成分分析，根据他的身份，根据他的年龄和性别来做判断。这个方法是由苏联的一位科学院院士格拉西莫夫教授发明的，这种方法已经应用到法医学的领域。

▲ 摆弄尸骨是人类考古学的基本功课

颅骨复原的同时，古DNA检测的实验也紧张地展开了。但是老山汉墓人骨样本中DNA降解严重，含量很少。所以提取DNA的工作很不顺利，但是朱泓当时却很有信心。

颅骨复原技术： 又称三维颅面鉴定技术，属于国际法医学个体识别领域的前沿性课题。我国的三维颅面鉴定技术目前处于国际领先水平。该系统对颅骨进行三维扫描、测量软组织厚度，进行三维重建，相貌复原，并通过三维颅面鉴定，最终确定无名颅骨的身源。

朱泓称，因为DNA检测技术已经很成熟，在法律上呈堂证供都被承认。所以我们首先选取了几段四肢的长骨。

但是这些尸骨在挖掘初期，是在去除表面淤土后发现的。尸骨肢体不全，缺少右腿小腿骨，左腿的小腿上也少了一节腓骨。而墓主人的所有谜底，都集中在了这些尸骨上。

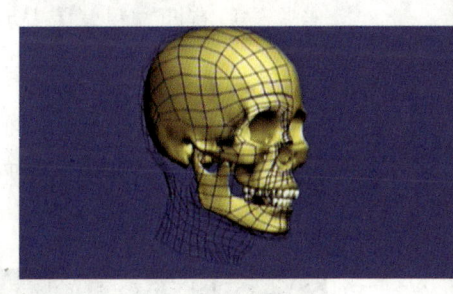
▲ 三维颅骨复原

研究人员进行了多次DNA提取试验，都没有成功。随后决定选取该墓主人的一颗前臼齿来进行研究。因为在一般情况下，牙齿中的DNA保存得比较好，而且受到外界的污染也最小。所以研究人员对牙齿提取都寄予了很大希望，可是，结果让朱泓大失所望！

提取实验做了将近一个月，一无所获。在大家想要放弃的时候，一位研究人员意外地提取出了一个清晰完整的DNA序列，但检测后却发现这个序列并不是尸骨的。

朱泓称，检测过程中稍不注意，检测人员的头皮屑落在了这个样本上，就把他的 DNA 带到这里面去了。或者有人在检测样本前打了一个喷嚏，喷嚏中的脱落细胞也能粘在样本中，再提取出来可能就是现代人的 DNA 了。

就在大家一筹莫展的时候，有人说运来的尸骨堆中还有一块"干泥巴"没用过。那么，这块从颅腔里掉下来的"干泥巴"究竟是什么？它又能为老山汉墓女主人身份的鉴定起到什么作用呢？

2000 年 8 月，在老山汉墓发掘现场，工作人员搬运尸骨的时候，从尸骸的颅腔里掉下来一块"干泥巴"。当时大家也不知道这块"干泥巴"是什么，但本着"一块也不丢"的原则，收集回来了。

朱泓说，我给北京市文物研究所的所长打了电话，说体质人类学的研究结果已经出来了，没有问题。但是古 DNA 的检测没有结果，我们把肢骨、牙齿都做完了，十分遗憾，提取不出来。

在北京市文物研究所的要求下，朱泓决定从这块干泥巴似的脑组织入手。但国内没有做过古人类脑组织的 DNA 研究，没有任何相关经验可供参考和借鉴。只有西方科学家从埃及木乃伊的脑组织中提取出过 DNA，成功率非常低。

朱泓称，那时我国没有一个实验室做过古人类脑组织的 DNA 检测，没有任何经验。所以，我们按照理论实验科学的方法，首先尽量排除污染。因为

◀ "干泥巴"似的脑组织仍保存着主人的秘密

脑组织是很容易被污染的。不像牙齿，如果牙齿污染了，我们放在稀盐酸中一泡就能够提取出 DNA 了，而脑组织不能那样处理。

研究人员发现，这个脑组织外围被污染严重，无法进行 DNA 提取。工作人员把脑组织的外层去掉，取第二层作为标本。当这块脑组织切割到只有黄豆大小的一块时，终于从这个"黄豆"的中心提取出了 DNA 样本。老山汉墓主人的 DNA 数据终于被解读了，DNA 检测结果，正和颅像三维复原的结果相吻合。

西汉王妃的形象缓缓地出现在大屏幕上，这个 2000 多年前的诸侯王妃相貌端庄，面部扁平略呈长方，鼻梁较高但鼻根低平，颧骨比较突出，下颌较宽。她和中国北方汉族属同一类型。

▲ 西汉王妃复原像

朱泓带领着他的研究小组终于通过人种分析、颅像复原和 DNA 检验结果，证明了老山汉墓女主人的种族身份，有关墓主人的人种之争终于尘埃落定。

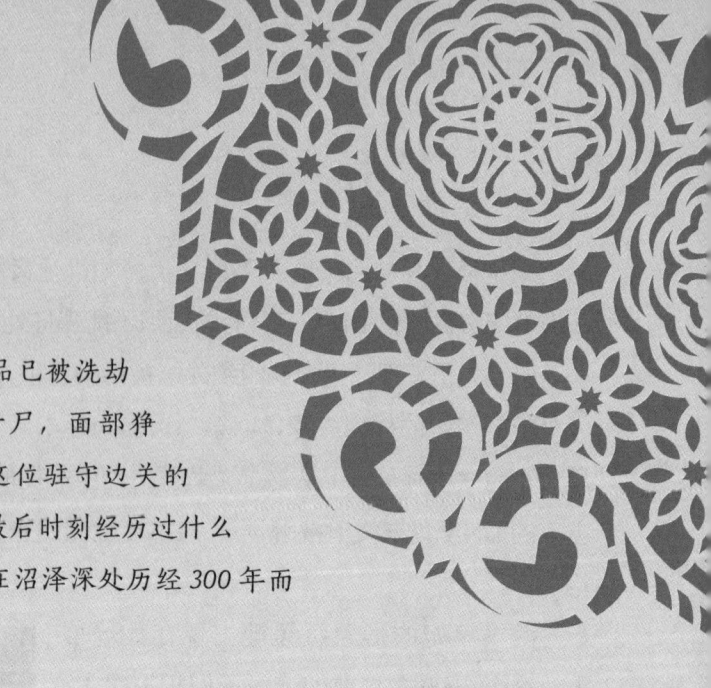

　一座清朝古墓，随葬品已被洗劫一空，一具保存完好的干尸，面部狰狞，四肢弯曲。300年前这位驻守边关的三品诰封夫人，在生命的最后时刻经历过什么事情？她的遗体为何能够在沼泽深处历经300年而不腐？

300年前绝望的呼喊

　　事情还要从1999年的一天说起。几个黑龙江省齐齐哈尔市扎龙村的村民为了修路去取土，挖出了一块青砖。大家顺着青砖继续往下挖，没多久就挖出一堵青砖垒砌的墙壁。一个村民抢先凿开一个洞口，一股冷风扑面而来，黑暗中两口装饰考究的木棺赫然出现在众人面前。

一、发现神秘墓穴

　　发现神秘墓穴的事很快就传遍了整个扎龙村。有两个胆大的年轻人想乘机捞上一笔。深夜，他们又一次来到墓穴，悄悄撬开棺盖。烛光下，一张狰狞的面孔正怒视着他们！两人仓皇逃去。第二天，消息不胫而走。这个土岗子上聚集了几百名村民围观。
　　当地派出所得知后，迅速封锁了墓室现场，并通知了齐齐哈尔市文物管理站。

300年前绝望的呼喊

这是一个夫妻合葬墓。从木棺的外观和随葬服饰上看,墓主人的身份非富即贵。遗憾的是墓室曾经被盗,两个棺盖也已撬开。就在考古人员感到失望的时候,右侧木棺内的一具神秘尸体引起了大家的注意。

齐齐哈尔市文物管理站副研究员李兆平进墓一看,也吓得够呛。

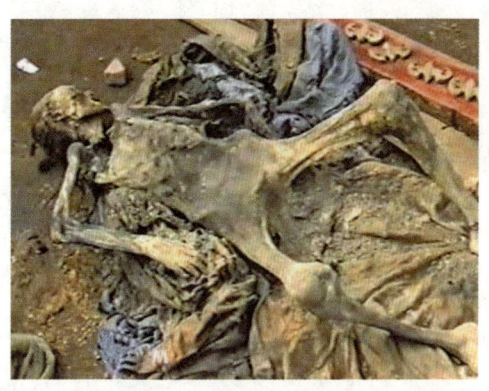

▲ 狰狞的尸骨

尸体张个大嘴,身上的衣服撕得特别破乱。抬出来以后,一股特殊的味道,直呛鼻子。考古人员找遍了墓室,除了26枚铜钱之外,再没有发现有价值的物品。26枚铜钱最早的是康熙时期的,最晚的是乾隆年间的。可以认为墓葬主人最晚是在乾隆时期入土的。

300多年前的古人尸体居然保存完好,这个发现令许多人感到既惊奇又疑惑。一般情况下,尸体埋在土里2年之内,基本上就变成了白骨。可是这具尸体的皮肤、肌肉、关节却都没有受到损害,令人不解。

人在死亡以后,在细菌和自身酶的作用下,身体会渐渐腐烂分解,直到转化成二氧化碳和水。如果在适合细菌繁殖的高温高湿条件下,尸体的腐烂速度会更快。埃及的木乃伊,是把死者内脏掏空以后,躯干经过特殊的脱水处理,才能保存下来。在我国新疆干旱、炎热的一些地方,人们还发现了自然风干的千年干尸,像楼兰女尸。冰天雪地的西伯利亚,人们也发现过冰冻的古尸,保存下来的原因是低温、冰冻。而眼下这具古干尸,既不在炎热干燥的沙漠地区,也不是在寒冷的雪域高原,她的出现令考古人员困惑了。

楼兰遗址: 据《史记》和《汉书》记载,早在2世纪以前,楼兰就是西域一个著名的"城廓之国"。楼兰古国是西域36国中的强国,与敦煌邻接,公元前后与汉朝关系密切。直到魏晋的几百年间,楼兰一直是内地通往西域的重要交通枢纽,再后来,楼兰便神秘地消失了。1900年3月,瑞典人斯文赫定在考察罗布泊时偶然发现了楼兰古城。

▲ 神秘而怪异的古干尸

考古人员继续清理着墓室，急切地希望能够有新的发现。然而除了两口棺材和几件残旧的衣服外，什么也没有找到。越来越多的疑惑，都集中在了这具神秘而怪异的古干尸身上。

她两目圆睁，双肢往上弯曲，呈挣扎状。根据干尸的面容和骨骼情况，考古人员推断这是一位25岁左右的少妇，在她的耳朵上分别有3个戴耳环的孔洞。当时，普通百姓可以戴1个或2个耳环，满族的格格可以带3个。

二、这个女人为什么死得如此痛苦？

> **补子：** 又称胸背，简称补，是中国明朝、清朝官员服装上，位于胸前和背后的方形装饰，分圆补和方补两种。圆补用于贝子以上的皇亲，上为五爪金龙纹，分别饰于左右肩上及前胸和后背。方补用于文官和武将等官员，不同等级的官员补子的图案有所不同。

逐一清理随葬物品，一件看上去十分残旧的外衣，慢慢显露出原来的威严。这件外衣前襟中央有一块约40厘米见方的"补子"，四周环绕着祥云丘陵、树木花草，一个威风凛凛的金钱豹坐卧在补子中心。当时何人能够穿戴这样的衣服呢？随后，考古队又在墓室内发现一个木制灵牌，放在女棺的前面，灵牌上雕刻着寿字，带有花朵纹的装饰，中间有一个小绢条，写有满文。然而，现场却没有人能辨认出这些文字的真正内容。

经过黑龙江省满语研究所的黄锡会先生辨认，灵牌上的满文意思是"诰封墨尔根觉罗妇之列棺"。考古人员查遍史料，在600多个满族姓氏中，"墨尔根觉罗"并不在其中。他们只好从墓室中发现的绣着金钱豹的衣服入手分析。资料显示，绣有这种图案的衣服，是清朝三品武官的官服。遗憾的是，这件衣服除了能说明墓室中的男主人生前可能担任过清朝的"副都统"之外,考古人员仍然没有找到和"墨尔根觉罗妇"相关的线索。最后专家推测"墨尔根觉罗"很可能是赐姓或者是女真部族的某一支。要确认死者的身份,只能留待以后更多的考古发现了。专家们暂将"诰封墨尔根觉罗妇"简称为"墨氏"。

> **女真**:古代生活在东北地区的古老民族,是现今满族、赫哲族、鄂伦春族等的前身。6—7世纪称"黑水靺鞨",9世纪起始更名女真,至1636年皇太极改女真族号为满洲,"女真"一词就此停止使用。女真人在历史上先后建立了金朝、东夏、扈伦、后金、清朝等政权。

官服和灵牌的发现,印证了人们对于女尸高贵身份的猜测。贵为三品武官夫人,墨氏为什么如此年轻就匆匆离开人世?死得还那么痛苦?

文物管理站副研究员辛健仔细观察发现,墨氏嘴里只剩了一颗牙齿。齐齐哈尔市医学院解剖实验室主任刘一弘认为,死者非常消瘦,生前可能身体不太好。专家推测墨氏生前可能由于体弱多病,长期服用中草药引起慢性药物中毒,因而导致牙齿脱落。

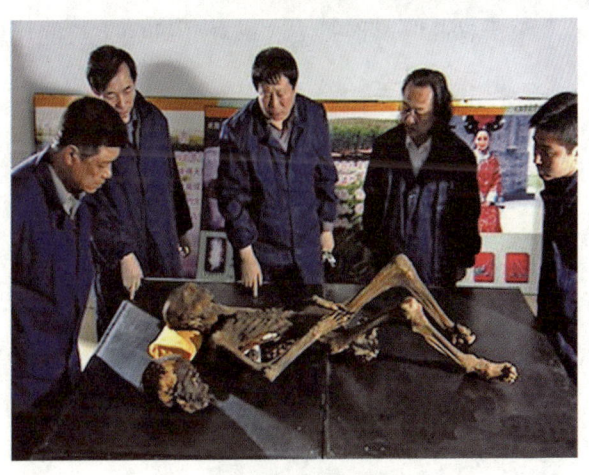
▲ 研究墨氏尸骨

但是,如果墨氏的确死于药物中毒或者某种疾病,她的家人为什么没有抚平她痛苦的面部表情和蜷曲的四肢呢?

墨氏怪异的姿势,令人怀疑她的死一定另有隐情。考古人员再一次观察干尸,墨氏臀下一块荷叶状的黑色物质引起了李兆平的注意。经齐齐哈尔市医学院解剖实验室刘一弘主任鉴定,这块神秘的粘连物竟然是一个完整的胎盘!

考古人员大为惊讶,墨氏的家人为什么要把胎盘放入棺内呢?辛健有20多年考古经验。他推断,是墨氏先把孩子生出来了,胎盘还存留在腹腔之内,因为身体虚弱呈现假死状态,家人以为她死了,悲痛中匆忙给她办理了后事。谁知,墨氏并没有死去,入殓以后慢慢苏醒了,发现自己躺在了黑洞洞的棺材里。那时,她想坐却坐不起来,想推却推不开。于是,她乱蹬呼救,把左侧脚趾和左手指蹬抓破了。挣扎当中，胎盘从子宫中流出。

墨氏在棺内拼命挣扎呼叫，但是厚重严密的棺木外面没有人能听见。可怜的墨氏，在挣扎中左腿从捆绑的丝带里抽了出来，脚趾和手指在蹬抓棺板时受伤，棺木里边挂了一圈布，她手和脚附近的布全都被撕烂了。最后，墨氏筋疲力尽，痛苦地死去。

这应该是墨氏死亡的真正原因，令人不解的是，为什么尸体没有腐烂且完好地保存至今呢？有专家推测，因为棺材封闭性非常好，棺内氧气又被墨氏挣扎呼喊时耗尽，破坏了细菌生长的环境，所以形成干尸。然而这个推测并不能完全解惑。

三、干尸不腐原因初探

扎龙国家级自然保护区：位于黑龙江省境内，属湿地生态系统类型的自然保护区。主要保护对象为丹顶鹤等珍禽及湿地生态系统，每年有6种鹤类在此繁殖和停歇，占世界鹤类种类的40%，是我国北方同纬度地区中保留最完整、最原始、最开阔的湿地生态系统。

考古人员又一次来到墓地，新的发现接踵而至：整个墓室由青砖砌成，用白灰和胶泥腻缝。砖缝非常细，贴得特别紧密。整个墓室内没有一点淤土，牢固而干燥，棺木也没有浸水受潮的痕迹。在扎龙地区，密封如此完好的墓室十分罕见。

黑龙江省齐齐哈尔市扎龙地区，是保存比较完整的一块湿地。墨氏的墓地，就在著名的扎龙自然保护区内。这里是乌裕尔河的高漫滩，一望无际的芦苇丛中，分布着大大小小的洼地，水泡子星罗棋布，是丹顶鹤的重要栖息地。

按说，湿地内空气潮湿，泥土含水量大，不利于尸体的保存。墓

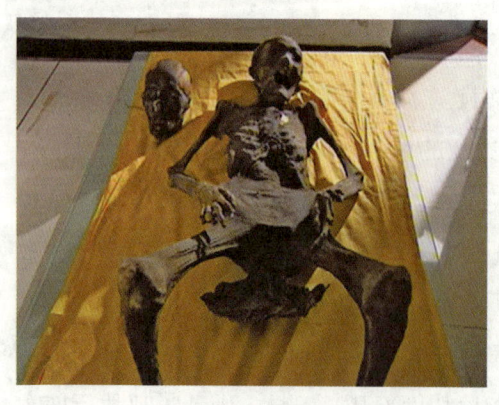

▲ 干尸不腐

室如何能够在一片沼泽中保持干燥呢？原来，是墓室顶端厚厚的夯土层，阻隔了雨水向下渗透。但是，位于湿地深处的墓室，又怎么抵挡地下水的侵蚀呢？听了齐齐哈尔市湿地保护中心高级工程师刘主任的介绍，考古人员才明白，虽然扎龙属于湿地的范畴，但是它的位置是处在寒冷的半干旱地区。地底下是永冻层，水渗不到黏土层下面，这就相当于一个隔离带，隔离了地下水的渗透。

> **永冻层：**又称永久冻土或多年冻土，是指持续多年冻结的土石层。分为上下两层，上层每年夏季融化，冬季冻结，又称冰融层；下层常年处在冻结状态，称永冻层或多年冻层。永冻层有海底永冻层、连续永冻层、不连续永冻层、山地永冻层几种。

结论是：在长满芦苇的湿地下面，一个黏土和砂石构成的隔离层，再加上一个常年封冻的永冻层，就像密封箱一样，阻隔了泥水对墓室的侵蚀。

狰狞的面部表情、蜷曲的四肢、神秘的荷叶状粘连物，还有历经300多年不腐的秘密，终于找到了合理的解释。墨氏绝不会想到，她在生命最后时刻的挣扎和呼救，会在300多年后的今天才有了回应。这是那个愚昧时代的悲剧。她和她那个早已经没落的时代和家族，肯定还有不少秘密依然隐藏在历史的角落等待人们的发现。

北宋名臣包拯，因清正廉明、执法严峻、不畏权贵，当时便有"关节不到，有阎罗包老"之谓；其后，更是成为近千年中国历史上一个家喻户晓、人尽皆知的人物，被誉为"包青天"。

但是，随着20世纪70年代一次抢救性考古发掘，却揭示了一个一直不为人们所知的，一代忠骨千百年来凄然流浪的故事。

那么，从遥远的宋朝到今天，到底发生了什么事情呢？

包公遗骨漂流记

包拯（999—1062）：字希仁，北宋庐州（今合肥市）人，天圣进士。累迁监察御史，建议练兵选将、充实边备。奉使契丹还，历任三司户部判官，京东、陕西、河北路转运使。入朝担任三司户部副使，请求朝廷准许解盐通商买卖。改知谏院，多次论劾权幸大臣。授龙图阁直学士、河北都转运使，移知瀛、扬诸州，再召入朝，历权知开封府、权御史中丞、三司使等职。因不畏权贵，不徇私情，清正廉洁，其事迹被后人改编为小说、戏剧，令其清官包公形象及包青天的故事家喻户晓。

华东名城合肥，在其2000多年的历史中可谓人才辈出。远的不说，仅千年间葬于合肥大兴集的便有宋朝的包拯、明朝的蔡国公张得胜和清朝的李文忠公李鸿章。像这样的"一里三公"，在全中国也是绝无仅有的。而在此"三公"中，无论是年代的久远、名声的大小、声誉的好坏还是为人们津津乐道流传至今轶事佳话的多少，包公都是当仁不让、首屈一指的。

然而，又有谁能知道：就是这位生前刚正不阿，死后备受赞誉、受世人传颂的包公，他的遗骨千百年来竟然数易其地凄然流浪以致最终难得保全。这到底是为什么呢？

一、急——刻不容缓"拼凑"应急

　　1973年春，合肥二钢拟在安徽省合肥市大兴集建石灰窑，便于《安徽日报》上登出了一个通知，限时迁走已有974年历史的宋包孝肃公（包拯）墓，逾期将按无主坟墓处理。据从事考古研究已数十年的吴兴汉老人回忆：他当时得知这个消息后，觉得应对包公墓进行抢救性发掘。这样，既能让包公墓免受破坏，又能整理出一些宋朝文物……虽然清理发掘包公墓的请求很快就被批准了，但由于当时考古人员比较少，只能应急地从省博物馆、市文化局、市公安局、合钢二厂以及包拯后裔中抽了十几个人组成一个小班子——包公墓清理发掘领导小组。但难题接踵而至。

　　一是据史料记载，包公是在病逝后的第二年从开封归葬在合肥市大兴集的。由于包公生前执法如山，得罪了不少皇亲国戚、贪官污吏、地痞恶霸，他们对包公无不恨之入骨，欲焚尸碎骨而后快。因此，当时包公的家人做了21口同样的棺材，由合肥当时的7座城门同时往外出殡，让人真假难辨……历经900多年的蹉跎岁月，至获准发掘时，已经没有人知道包公真正葬在哪里了。

　　再就是在临时组建起来的清理挖掘小组中，专业考古人员很少，如吴兴汉，当时是合肥市文化局的一名宣传干事，对考古发掘一无所知的他当时是凭兴趣报的名，以实习的身份来到包公墓发掘小组的。

　　这一切都让吴兴汉心里没底。

二、惑——"避重就轻"歪打正着

　　鉴于眼前的困难，发掘小组先是耗费了不少时间把整块墓地范围内各个大小墓的范围、深度等情况摸了个底。然后，根据小组根本不了解宋墓的结构，急需先摸索一些发掘经验的情况，小组经研究决定暂不发掘十几座大型的墓葬，先选择一个最小的墓来进行发掘以摸索经验，然后再扩大范围。于是，吴兴汉选定了1号墓。这是偏离包公墓群主要范围外的一座小型宋墓，从位置和规模看：这座小墓的主人的身份一定很卑微，而且与包公的关系也应该比较疏远；从结构看：这是一座简陋的土坑墓，连传统墓葬应有的夯土层都没有，而且也没被盗过……

但是，就是这座有种种迹象表明入葬时非常匆忙和草率的小墓，在它简陋的墓室里，却出现了很多让人十分意外的事情。

小墓中竟然挖出了一口非常珍贵的金丝楠木棺材，楠木棺材底板两边，还排列有序地悬挂着6个抬运的大铁环。虽然棺材的局部有些腐烂了，但90%都还是好的。仅凭这点就能证明墓主人身份应该是非常尊贵的，他是谁呢？

接着，在小墓中又发现了两块破碎的墓志铭。按常理，一座墓一口棺材只应有一块墓志铭，但这里怎么会出现两块呢？究竟哪块是棺材主人的呢？

还有，就是棺材中的骨骸。它不像正常入葬的是一副人的骨架，不仅是非常凌乱的一堆，而且有些骨头还是破碎的。这也不是一个正常的现象。

鉴于以上种种反常现象，人们只能初步做出判断：这座墓并不是墓主

▲一具金丝楠木棺材，2块破碎的墓志铭……1号墓中种种反常现象表明，这是一座迁葬墓，而且墓主人的身份非比寻常

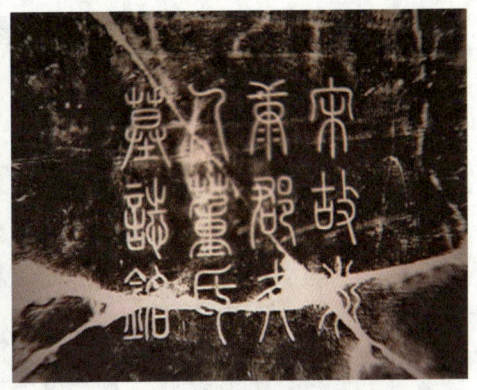

▲ 经拼合后的墓志铭铭文清晰可辨。据此,人们得知这是包公夫妇的迁葬墓

人的原葬墓,而是迁葬墓。因为,如果不是迁葬墓,它有两块墓志铭就应该有两口棺材,而且应该有比较完整的人骨架。但如今的现象说明,这是原葬墓被盗过以后,有人匆忙间将碎骨头收集在一起挪来这里的,所以是迁葬墓。

为了证明上述判断,人们先将墓志铭拼对起来,好在上面的字迹还清晰可辨。其中一块能拼凑完整的墓志铭上书有"宋枢密副使赠礼部尚书孝肃包公墓铭"等字样,而另一块尚缺一角的墓志铭上则写着"宋故永康郡夫人董氏墓志铭"等字样。这竟然是包公夫妇的墓志铭,大大出乎了吴兴汉、程如峰等人的预料。于是,那些人骨的归属就只有3种可能了:或包公,或其夫人,或二者兼有。经取出其中的34块遗骨送北京检测,骨头均是男性的,其主人年龄应在40岁以上……对照史料中"包公去世年龄为64岁"的记载,可断定这些骨头确实是包公的遗骨。

那么,是谁将墓志铭和包公的遗骨打碎的呢?又是谁将包公夫妇草草地安葬在这里的呢?墓地中那座人们一直认为是包公墓的最大的坟头又是谁的呢?当年到底发生了什么样的变故呢?

三、惨——刚正招祸,忠骨飘零

要想破解一连串的谜团,找到包氏后人,从他们手中保存的《包氏宗谱》中寻找线索,不失为一条可行之路。

> **宋仁宗**(1010—1063):中国北宋第四代皇帝(1023—1063年在位)。1023年即帝位,时年13岁。1063年驾崩于汴梁皇宫,享年53岁。在位时宋朝面临官僚膨胀的局面,冗官冗兵特别多,而对外战争却又屡战屡败,虽然西夏已向宋称臣,但边患危机始终未除。后来虽一度推行"庆历新政",但未克全功。

1062年包公卒,宋仁宗亲自登门悼念。为了追念包公生前的功勋,不仅照顾他的儿孙在朝为官,还特赐了包公后人为荫袭"奉祀生",亦称"恩生",即负责管理包公祠堂、墓园以及有关包公的文物和文史资料的包氏包公一支的族长。"恩生"一般只能由长房长子接任,最后一代恩生是包公的第35世孙包先海。由于包先海只有一个女儿,包先海曾将亲戚的儿子过继过来作为恩生的传人,可是中华人民共和国成立后,包公祠堂由政府负责管理,继子便徒有其名了。所有流传下来的东西仍保存在包先海女儿手里。

几经周折,程如峰终于在距离合肥很远的包家洼找到了一本民国七年绘制的《包氏宗谱》,但是,其中记载包公的埋葬地依然在主坟的位置上。可见,迁葬一事连大多数包氏家人都不知道。虽然包公是什么时候迁葬到1号墓的,当年到底发生了什么样的事情,包公的墓志铭是被什么人砸碎的等仍是一个谜,却意外地破解了包公的长相之谜:包公并不像以往人们一致认为的是个"包黑炭",而是一位白脸书生,个子也不高……据说,当年包公上朝的时候,文武百官经常挤得他透不过气来,仁宗皇帝于是特地赐给他一顶帽翅很长的乌

▲ 包公后裔依原包公真身画像凭记忆绘制的包公像,与人们熟知的舞台上的包公形象相去甚远

纱帽，并下诏说碰到帽翅者死，从此就没有人能挤到他了。

那么，仁宗皇帝为何对包拯如此恩宠有加呢？原来，宋仁宗是一个比较开明的皇帝，仁义宽厚。在用人上，他能任用一些比较有才能的人，包括像包拯那样敢于提一些非常尖锐意见的人。包公敢于直谏，执法如山，又不会阿谀奉承，这样的人正是宋室为了维护赵家江山所需倚重的。民间流传包公断案如神、不畏权贵、执法如山的故事很多，其中虽然《铡美案》这个故事是附会的（陈世美与包公不是同一时代的人，是明朝人），但《三侠五义》中的奸相庞吉却是有原型的，就是仁宗皇帝的岳丈张尧佐。张尧佐依仗皇亲国戚的身份，向老百姓狂征暴敛，不仅致民生涂炭，也给国家造成财政困难。包公前后6次对张尧佐进行弹劾，最后仁宗慑于包公的一身正气，只能免去了张尧佐的职务。

那么，会不会是记恨包公的人在他死后砸碎了他的墓志铭呢？为什么迁葬这么重大的事情，包氏后人竟没有人知道呢？又是谁仓促间将包公的遗骨迁葬到1号墓的呢？

6号墓，也就是以往人们一直认为的包公墓是最后进行发掘的。这座墓已经被盗掘过很多次了，人们在内找到的有用线索仅是董氏墓志铭残缺的那部分。但这仅能说明这座墓是董氏的原葬墓，至于当年包公和董氏是否"死同穴"，就不得而知了。

▲ 因发现董氏墓志铭残缺的一角这一线索，可断定6号墓乃是董氏的原葬墓

恰在这时，一位每天都会出现在发掘现场的叫夏广宏的老人透露了一条重要线索：我们家祖祖代代都是包公的看墓人，听上一辈人跟我讲的，真正的包公墓在后面那块油菜地里……夏广宏老人的话让吴兴汉和程如峰他们非常吃惊，简直是"天上掉馅饼"，这会是真的吗？经探铲探试，油菜地下面不仅真有座墓，而且是石头的，其规模也要比6号墓大得多。但当石造的墓穴

▲ 油菜地中被破坏严重的墓葬，因发现随葬木俑和与包公墓志铭大小吻合的摆放砖台而被确定为包公原葬墓

被打开后，眼前呈现出的是令人发指的景象：盗墓者明火执仗采用"大揭顶"的方式对墓葬进行了严重的破坏，整个墓底居然不剩一块铺地的砖石……由此看出，那次盗墓的目的不仅仅是获得包公墓中的文物，更多的是一种穷凶极恶的发泄。即使墓葬已面目全非，但人们仍从残留的蛛丝马迹中找到了关键的线索：一是一组12个木俑中的1个，这种木俑在宋朝只有二品以上身份的官员才有资格使用；再就是原先摆放墓志铭的砖台，其大小与前面发现的包公墓志铭正好吻合。由此可断定，这里就是包公的原葬墓。

结合大量史料后，人们终于弄清：包公墓在遭到破坏后，再加上宋金间连绵的战火，是包公的后人在逃难之前仓促将包公的遗骨迁葬到1号墓中的。别看埋葬方式非常仓促和草率，但从位置上看却是经过精心设计的：1号墓偏离主墓区，前面又有一个疑冢，很不容易被发现。这样，900多年来，包公的遗骨再也没有受到任何打扰，一直被完好地保存下来。

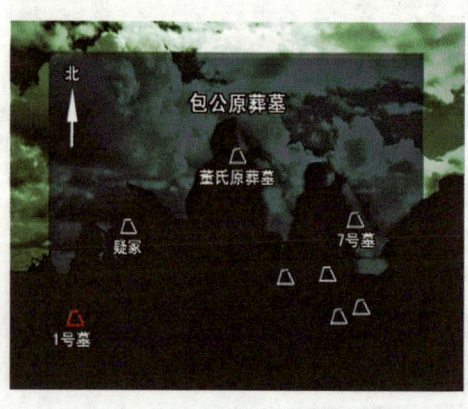

▲ 包公墓地墓葬分布情况示意图

但是，无论是当时迁葬包公遗骨

的人，还是后来发掘时在场的人们，谁也不会想到包公的遗骨还会经历第二次漂泊。

四、憾——颠沛流离，不知所踪

发掘工作随着包公原葬墓整理结束而大功告成，发掘小组将包公及其家人的遗骨交给了包氏后裔。包氏后裔决定将遗骨运回大包村。1973年8月的一天，包公及家人的遗骨被分别装殓在11口小棺材（木匣）中运回了包公的故里大包村。谁知，当地的公社书记却以"搞封建宗教活动，大包村的土地不能让封建社会的孝子贤孙给抹黑"为由不允许包公的尸骨下葬，否则立即销毁。

一介草民，尚有三尺葬身之地，千年的忠魂，却得不到一抔黄土！

无奈之下，为了保住老祖宗的遗骨不被销毁，包氏后裔只得把11口木棺重新又送回合肥前进新村的包公第34代孙包遵元家里。包遵元在他家房子山墙的东边盖了一个小披厦，把这11口棺材遗骨都放在里面，摆了很长时间。同年的12月23日，大包村的包先正和女婿赶着毛驴车到合肥来运饲料。由于几个月过去风声没有前段时间那么紧了，包先正便和包遵元商量：老祖宗的遗骨不能总放在披厦里，趁现在风声较松还是偷偷运回去让他们入土为安吧！可是要将11口棺材运回，太显眼了。最后，除了装有包公遗骨的棺材没动，其他的完全合并到了1口棺材里，这样一并，就只剩下了2口棺材。就这样，这2口棺材在严

▲ 面对这11箱辗转挪移、无处安置的祖先遗骨，包公后裔充满了无奈，也费尽了心机

密的伪装下被运回老家偷偷下葬了。

　　由于程如峰始终惦记着要重修包公墓，当地政府也非常支持。于是，程如峰便开始着手寻找包公的遗骨。1982年，程如峰依照间接得到的消息来到大包村找到包先正，在包先正带领下来到埋葬包公遗骨的那片坟地。由于程如峰并没说明此行的目的，致使几年后程如峰因此而后悔不已，以至遗憾终身。1986年，新的包公墓在包河畔的包公祠旁边建成，接下来最重要的事情就是该把包公的遗骨从大包村迁回合肥市，但这时包先正已辞世2年了。

　　当大家把土挖开之后，意外的事情又发生了：人们没有发现先前的木棺匣子，却从墓穴里露出了粘满泥土的陶罐，总共11个。其中最上面摆1个，下面摆2个，再下面4个1排，摆了2排。从陶罐的数量和摆法看，都与当时棺材的情况一致，但陶罐中却全部空空如也。程如峰又赶紧找到包先海当年收养的继子包训祥（包先正的亲子，后过继给包先海），也就是那位"恩生"传人，现在包氏家族的族长，谁知他也一无所知，据他说：包先正为人正直、敢作敢当、守口如瓶，深受族中长辈们的信赖，因此当年十分放心地把偷葬老祖宗遗骨的大事只交给他一个人去办，他也从未跟任何人说过。正如当年包公的遗骨由原葬墓偷移到迁葬墓，肯定也是包氏后裔所为，但这么重要的事，偷葬者也没有告诉他的后人，包氏的子子孙孙竟也无人知情。或许还有一种可能，包训祥或是大包村的某个人知道包公遗骨真正的埋葬地，只是他们不愿意说。因为，作为包氏的后代子孙，他们有权利不让外人知道，他们有权利让包公在某个地方安享宁静。

　　好在当年寄往北京进行鉴定的那34块包公遗骨还由吴兴汉保存着，虽然文物部门有这样一个不成文的规定：骨头不作为文物，不入

▲ 一堆空空如也陶罐背后的曲曲折折，是一个时代造就的遗憾

◀ 这仅存的34块包公遗骨，多少能给包氏后人以及无数敬仰包公的人们留下一点心灵的慰藉

如今修缮一新的包公 ▶
墓，每天都接待着四
面八方的人们来此凭
吊先贤

库房。如今，这34块遗骨，便是包公仅存的遗骨了。而被掩埋至今不知所踪的，显然是一段永远不打算向外界张扬的，充满着痛楚、困惑而又无奈的故事。

  没能将包公其他的遗骨找到，程如峰老人始终都觉得很遗憾。但包氏后人却想得开得多：也没有什么遗憾的，因为时间太长了，能保留一部分骨头到今天已经是万幸了，而且还找到了墓志铭，确定了他的墓。如今人们更看重的应该是包公的人品、美德，而不是遗骨。这么想，我们也就心安理得了……

吐鲁番盆地火焰山脚下，突然发现上千座古墓，千年的竖琴、带孔的颅骨、至今依然绿色的大麻叶，还有神秘的萨满（巫师）……让我们走近洋海古墓，认识古代洋海人的生活。

洋海古墓

洋海古墓数千古墓从何而来？新疆吐鲁番盆地北部的火焰山，当年曾因挡住唐僧前往西天取经道路，如今，又因这里的一个考古发现引起世人的瞩目。

东西方文化的交汇，使吐鲁番地区形成多民族聚居地。

▲ 古墓悬案

一、发现了 3000 多年前的古墓群

1988 年冬,火焰山南部的鄯善县洋海村,一位村民在挖凿坎儿井时,刨开了一个惊人的发现:在一个台地的戈壁砾石下面,发现了一座年代久远的古墓。然而更令人震惊的发现还在后面。

> **坎儿井**:荒漠地区一特殊灌溉系统,利用地下暗渠输水,可以常年自流灌溉,在新疆吐鲁番地区比较常见。早在《史记》中便有记载,时称"井渠",与万里长城、京杭大运河并称为中国古代三大工程。

2003 年,吐鲁番文物局对这座古墓葬进行了抢救性发掘。令人大感意外的是,本以为这是一座孤坟,不料在它的周围却挖出了越来越多的遗骸。当挖掘到 1500 座左右墓葬时,不得不停止下来。因为根据密度估计,这片古墓葬群有 2000 ~ 3000 座。专家推断,这些墓葬的历史应当在 3000 年以上。那么,在洋海戈壁为什么会存在如此大规模的古墓群呢?

洋海古墓群所在的吐峪沟,有一条从天山上流下来的四季有水的河流,从古时候就将这里冲刷形成洋海墓地所在的 3 块台地。古时候人死了,就埋在这寸草不生的台地上。活人则生活在附近有水草的地方。生活在这个干旱少雨、绿地十分稀少地区的古代洋海人,可能很早就有死人不跟活人争地的意识,才把死人埋在寸草不生的荒漠戈壁上。

二、发现箜篌乐器

传统的习俗无意中将这些墓葬保存了下来。

考古人员从古墓中挖掘出土了大量生活用具,有石头磨凿的纺轮、冶炼铜器的吹管。特别引起专家们兴趣的是,有个墓主人身边摆

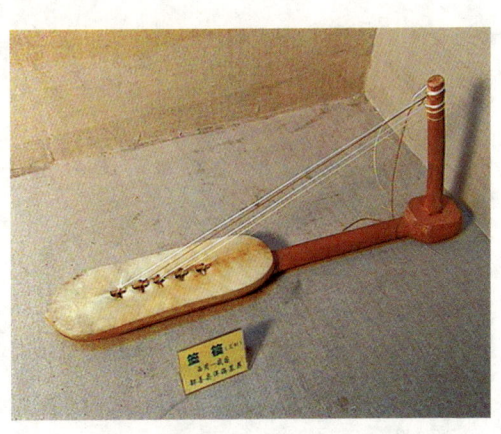
▲ 洋海古墓出土的箜篌复制品

> **箜篌**：古老的弹弦乐器，古代除宫廷雅乐使用外，在民间也广泛流传。古代有卧箜篌、竖箜篌、凤首箜篌3种形制。箜篌流传至今已有2000多年历史。盛唐时期，箜篌演奏艺术达到了相当高的水平，并先后传入日本、朝鲜等邻国。14世纪以后不再流行，以致慢慢消失。

放着一件乐器，形似今天西洋乐器中的竖琴，叫作箜篌。箜篌的音箱与基座一体，基座的一端竖着一根柱子，在柱子与音箱之间由5根牛筋相连作为琴弦，音箱口蒙有羊皮。

在此之前，人们只是从汉朝的石画像、砖画像，以及敦煌壁画里看到这个类似小竖琴的形象，并没有发现早期的箜篌实物。现在我国境内已经发现了5个早期的箜篌实物，都是在新疆发现的，其中3个出自洋海古墓群。

箜篌可能是今天西洋乐器中竖琴最早的原型，有关部门曾经专门从美国请来竖琴演奏家来到吐鲁番演奏箜篌的复制品，可是发现箜篌的音调并不准确。这一结果令人怀疑，3000多年前的洋海人真的已经掌握这种古老的弹拨乐器了吗？古墓的主人是萨满（巫师）吗？

三、乐器的主人是谁

《隋书·音乐志》记载，箜篌"出自西域，非华夏旧器"。音乐史学家认为箜篌源于中亚，经新疆传入中原地区。

▲ 萨满（巫师）的遗骸

那么，洋海古墓出土的箜篌，其主人到底是属于较高阶层的人士，还是属于普通的乐师呢？

专家分析，洋海地区当时的居民，其社会分工可能还没有现在这么细致。所谓的乐师可能只是部落中的一些神职人员，在举行宗教仪式时利用箜篌等乐器来渲染气氛。只有他们才可能掌握一些简单的音乐知识，所以，箜篌随葬的古墓主人可能既是乐师同时也是萨满。

萨满即萨满教巫师。据史料记载，萨满教主要流行于北美的印第安人、因纽特人，以及我国的蒙古族、满族、鄂伦春族中。萨满被认为是氏族神在氏族内的代理人或化身，他们的主要职能是在节日或重大事件发生时为本民族举行祝祷仪式；为民族成员求儿求女，保护牲畜兴旺；跳神治病等。

在洋海古墓群中，有一个墓葬的主人属于屈肢葬法，他两腿蜷起，两手交叉，一手拿一把青铜斧，另一手拿一根木棒，木棒用1厘米左右粗的铜条一圈圈地缠起来，类似于权杖。最奇特的是头上的束发带串着小贝壳，这种贝壳是只有印度洋才出产的稀罕之物，它是经丝绸之路传到这里来的。佩戴如此贵重的小贝壳，加上随葬的一件大铜器，说明这座古墓主人的身份非同寻常。

▲ 随葬的铜斧、权杖，以及束发带上的小贝壳，证明墓葬主人身份非同寻常

在这座古墓里还发现一个大皮篓，里面有一些很奇怪的植物。虽然时间已过去3000多年，但叶子依然是绿的。

四、古墓中发现绿色的大麻叶

经鉴定，这些植物是大麻。把它的标本寄到英国，有关专家从中提炼出了大麻酚。这一发现在国际上引起了轰动。

当代的大麻酚最早是由美国人提取出来的，距今只有200年的历史。而萨满对大麻的利用已经有3000多年的历史。很有可能萨满是最早利用大麻的人。因为可以借助"天意"直接影响部落酋长的权利，萨满往往由部落首领或者跟部落首领血缘关系很近的人来担任。萨满与神明沟通时，会搞一些仪式,让听众跟着一起喝酒、吃毒蘑菇,甚至吸大麻引发癫痫,最后进入一个精神很愉悦的状态。这就是所谓成功地跟神明进行沟通了。

据史料记载和出土的大麻,似乎可以印证这座古墓主人的身份应该是萨满(巫师)。

3000多年前的洋海人真的信服于萨满的这种统治吗?

五、发现钻孔的颅骨

▲ 被钻孔的颅骨

颅骨钻孔究竟是为了什么?

考古人员分别在洋海墓地的3个区域发现了十几个钻孔的颅骨。每一颗保存完好的颅骨上面都有一个不规则的孔洞,其中以圆形孔洞为多。人们不禁要问,数千年前的洋海人究竟是一个怎样的民族,为什么会遗存下来这些奇怪的遗骸呢?

专家推测,洋海古墓出土的这些颅骨之所以带有孔洞,极有可能是由原始部落遗存下来的颅骨崇拜造成的。因为古代人类崇拜颅骨的现象比较普遍,比如欧洲古人类就出于对颅骨的崇拜,在死后的人头上钻洞取下一片骨头作为护身符。他们崇拜的对象是战争的阵亡者,认为活人可以借助死人的灵魂和力量来保佑自己,在此后的战争中取得胜利。

经研究发现,洋海古墓出土的这些颅骨似乎都是在人死后才钻孔的,因为颅骨的孔洞边缘比较尖锐,没有发现愈合的现象。但也有一种可能是死者生前头疼,难以忍受,就给他头上钻个眼来减轻脑压。但很遗憾,这个病人还是死了。之所以如此推断,是在那里还发现一个女子的腹部有横切的刀口,刀口用马尾巴缝合,可能她是难产或是得了其他疾病。人们猜想认为古代洋海人可能已经有了外科手术。

古代的洋海人究竟过着怎样的生活呢？

六、洋海人从哪里来

专家认为，洋海人的祖先大约在距今 4500 年前，从西方或阿拉泰地区游牧来到吐鲁番地区，发现这里水草丰茂，很适合人类的生存，于是，其中的一支就定居了下来。后来农业传入，一部分人就在这里进行农耕。

可以说，古代洋海人的农业和畜牧业比较发达。吐鲁番盆地以其独特的气候和土壤，造就了悠久的种植历史，尤其是吐鲁番的葡萄远近闻名。

据史书记载，早在 2000 多年前张骞出使西域时，就发现吐鲁番盆地种植葡萄。从出土的葡萄果穗以及史料记载，人们一直认为吐鲁番种植葡萄的历史应该是 2000 年左右。然而，这个观点受到了最新的挑战，因为在洋海古墓葬群出土了一根葡萄藤，长 1.15 米，分多节，每节长 11 厘米，像这样的陪葬品十分罕见。

▲ 出土的葡萄藤

实际上，葡萄最早产于西亚的土耳其一带，后经人工驯化，沿着地中海沿岸扩散开来，一部分向东传播，于距今 3000 年左右传到了吐鲁番，在距今 2000 年左右传到了中原。当时西来的葡萄很珍贵，于是便有了流传至今的名句"换得葡萄入汉家"。

冬天，葡萄藤在原产地是不需要埋入地下的，但在吐鲁番却必须埋起来。可以想象，当时引进葡萄一定有一个很复杂的探索阶段，可能头一回种时没能成活，即使成活了，但第二年却没结出葡萄来。经过不断探索，在天气寒冷的冬天，为不使葡萄藤冻死，就把它埋起来，春天再把它扒开。这种种植葡萄的方法，足见古代洋海人多么聪慧。

种葡萄，吃葡萄，是洋海人一生所好。所以，当年的洋海人死后就带上一根葡萄藤到另外一个世界去种植,以便能够继续吃上葡萄。

从洋海古墓出土的这根葡萄藤保存完好,可能属于无核白、马奶子或是紫葡萄。如有可能,专家将把它的基因移植到今天的葡萄里,培育出带有远古葡萄基因的新品种来。

古代洋海人的纺织技术也达到较高的水平。从出土的服饰可以看出,当时洋海人的审美观非常强。发掘发现,一些墓葬主人穿衣很讲究,贴身的内衣是羊绒制作,要是放到今天也是很贵重的;第二层衣服以毛布织成,或是用毛线织的毛衣;外套是羊皮毛大衣。靴子则用野生动物的皮制作,既轻便暖和又耐磨。

▲ 鲜艳的毛织物说明当年洋海人的纺织技术已经达到较高的水平

更值得一提的是,原来一般认为张骞出使西域后,才把中原的丝绸带出去,实际上在此之前可能通过间接贸易的方式,丝绸之路就已经存在。因为在洋海古墓出土了一块2500多年前的丝绸。有意思的是,经国家纤维所检测,它并不是中原所产的丝绸,而且是用废蚕丝织成的。据此,专家大胆推测:可能在张骞出使西域之前,洋海地区已经存在养蚕业。只不过养蚕的技术不高,仅会利用被蛾子咬破了的蚕茧来纺织。当然,这个结论还需要进一步论证。

那么,农牧业和纺织业如此发达的洋海人到底来自哪里,属于什么人种呢?

专家分析,古代洋海人从头骨形状看,具有欧洲人深目高鼻的典型特征,可能属于古代印欧人种的一支。而从直观上看,跟楼兰人可能还有一些关系。但最终也要等到研究结果出来才能断定。

实际上,欧洲人种并不仅源于欧洲,高加索地区处于欧亚交界,包括欧罗巴人种在内的最早的印欧以西的民族,都是从那里诞生,然后向四面八方扩散的。当时来到我国新疆的可能有好几支高加索人种,既有地中海地区的人种类型,也有欧罗巴人种类型。由于各类型的人种集合在一起,才形成今天新疆这种多民族融汇共存的情况。

总之,洋海古墓群出土的遗物,描绘着这样的一幅场景:3000多年前,丝绸之路北道上的商队经过洋海,商旅们在此休息。越来越多的人来这里安家屯田,天山融化的雪水灌溉滋养着桑树、葡萄。瓜果飘香,牛羊成群,洋海逐渐成为丝绸之路北道抵达西域的重要驿站,成为东西方文化的交汇点。

高加索人种: 现今世界上人口最多的人种,占世界总人口的54%左右。其特征是肤色浅淡,头发颜色多为金发、红发、天然白发,眼色碧蓝、碧绿或棕色。主要分布地方是欧洲、西亚、非洲北部以及北美洲、大洋洲。一般认为,白种人形成于高纬度的寒带地区,没有强烈的太阳辐射,体内无法产生保护身体的色素因而皮肤颜色浅淡。

提到历史上统一六国的大秦帝国，人们会首先想到横扫六合的千古一帝秦始皇，想到壮观的地下军阵兵马俑，想到统一度量衡和焚书坑儒。但是，秦的先人，那个一直活动于西北边陲的古老部落；秦，这个在东周初年才被册封的、在当时被视为戎狄的"伯"级诸侯国，是如何不断东进而最终一统天下的呢？

人们虽能从残缺的史书所提供的有限线索中勾勒出一个大致的路线，但具体到什么时间发展到什么地方，一直以来因缺乏考古实证而困扰着史学界。直到20世纪80年代中期，随着对一座秦国中期大型墓葬的发掘，人们终于在这条尚模糊的线路上点注了一个精准的坐标。

焚书坑儒： 秦始皇为了统一原六国人民的思想，于公元前213年开始销毁除《秦记》以外的所有史书，民间只允许留下关于医药、卜筮和种植的书，史称"焚书"。公元前212年，咸阳的术士在背后议论、指责秦始皇，秦始皇以诽谤罪活埋了400多人，史称"坑儒"。焚书坑儒虽然在短期内维持了秦朝的统治，但也加速了其政权的灭亡。

巨墓迷踪

随着1974年秦始皇陵墓的地下军阵——兵马俑在骊山脚下被发现，人们有了更多的资源去勾勒2000余年前那段动荡历史发展的大致轮廓。但随之而来的问题却困扰着考古学界，这个帝国从何而来？他们先祖的遗存又在哪里？

虽然史籍中对那个大一统前尚是诸侯国的秦国的相关记载并不少：从春秋的烛之武说秦、弦高犒军诓秦、崤之战败秦、穆公称霸兴秦等到战国时期的商鞅变法强秦，苏秦、张仪的合纵抗秦和连横亲秦，孟尝君靠鸡鸣狗盗逃秦、蔺相如完璧归赵和渑池会上的智勇挫秦、范雎远交近攻谋秦等。但是，除了长平之战故地的累累白骨等几处考古发现，这些史料记载，缺乏有说服力的考古实证。于是在1975年，陕西省考古所一支考古队来到宝鸡市凤翔县，开始寻找秦人先祖足迹的艰苦历程。历时数月，他们的足迹几乎踏遍了灵山这一关中著名山脉的角角落落，但一无所获。

> **合纵连横**：合纵就是南北纵列的国家联合起来，共同阻止齐、秦两国兼并弱国；连横就是秦或齐拉拢一些国家，共同进攻另外一些国家。当时最著名的纵横家有苏秦、张仪、公孙衍等。合纵连横的斗争适应了战国形势发展的需要，并对各国政治产生了很大的影响。

一、得来全不费功夫——大墓现世

就在这支考古队还在踏破铁鞋苦苦寻觅之时，在灵山东南30千米之外的一个叫南指挥村的小村庄里，一位村民无意中却遇到了这样一件蹊跷的事情：原来，离这个村子不远有一块奇怪的荒地，春夏时节，不管雨水多寡，那里庄稼都长不好。对此，生活在附近的人们似乎已是见怪不怪，也从来没人想去深究。1976年的一天，这位村民推着小土车来到这里，他要挖点土修补自家的院墙。铁锹挥处，黄土里带出一些奇怪的土块，它们的颜色和形状与周围黄土明显不同，有黄有红，还夹杂着一些碎石，并且非常坚硬……

一连几天，这一奇怪的现象都是附近村民们闲谈的话题。谁知，这些茶余饭后的闲言碎语恰为陕西省考古所的一位考古专家听到了，职业的敏感使这位考古专家意识到，这里面必有蹊跷。于是，考古队闻讯而来。初步勘察结果：那些奇怪的土块是经过人工夯砸的，它们源自一个巨大的地下工程。这个呈怪异的"中"字形结构的神秘地下工程，占地面积竟然足足有2个国际标准篮球场大。

一场规模空前的考古大发掘由此拉开了序幕。

二、规模浩大，规格甚高

▲ 南指挥村那块长不好庄稼的奇怪荒地下埋藏着的地下工程——一座呈"中"字形的巨大古墓

几个月之后，整个工程的大致形制已被考古队基本摸清。它的主体部分分做3层，整个工程的深度竟然相当8层楼高。如此形制，基本可以确认这是一座古墓。但墓葬之大，实属罕见。

在清理大墓第2层台基时，考古队员首先发现了一些无棺无椁、杂乱无章的人骨遗骸，它们身首异处、残肢断臂，共有20具之多。对此专家认为：在奴隶社会，奴隶是奴隶主的私有财产，奴隶主有权支配他们的一切，包括其生命。当时，人们有一种事死如生的观念，认为人死了以后在阴间的生活仍旧跟阳间是一样的。因此，死去的奴隶主仍要带着生前服侍过他的奴隶们一齐跟他去另一个世界，好继续服侍他。于是，就有了这种恐怖的丧葬制度——人殉。墓中这20具凌乱不堪的骨骸，就是作为人殉的人，他们生前可能是战俘或者奴隶，在大墓封埋时被砍杀用以祭祀的。

接下来考古队员清理这20具骸骨下面的土层时，又发现了一些棺木，每具棺木中都有一具下肢呈诡异蜷曲状的尸骸。这样的木棺，之后又发掘出160多具！显然，他们也是殉人。但与前者不同的是，考古专家认为他们应属自愿的殉人。

至此，这座神秘大墓中发现的殉人总数已达186具。

根据史籍记载和以往的考古发现人们知道：残酷的人殉始于殷商，盛于

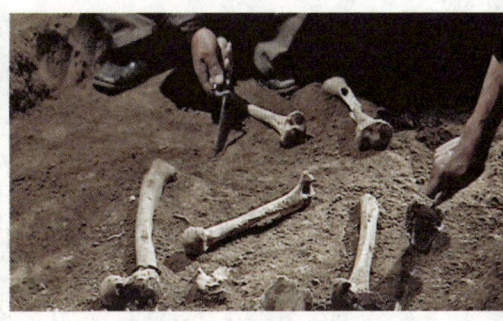

▲ 大墓中凌乱摆放的被砍杀殉奴的骨骸和众多棺木里屈肢葬的自愿殉人遗骸

先秦，大约到秦朝建立之后，残酷血腥的殉人才逐渐被陶俑所替代，如以往考古发现的大量秦俑、汉俑。因此，可以断定这座神秘的大墓应属一座先秦墓葬，但它属于先秦的哪个年代？哪个国家？墓主人是谁？这些都还有待进一步发掘。但仅从墓葬的形制和如此恐怖而奢华的排场来看，墓主绝非等闲之辈。

三、多方考证，认定秦墓

史籍有载：春秋战国时期，在秦人中盛行屈肢葬。所谓屈肢葬，就是在人刚死之时，用布带将其下肢向上卷曲捆扎，然后入棺埋葬。这一记载虽然与棺木中殉人的葬式相吻合，但仅凭这一点并不能说这座大墓就属于秦人。因为，西藏阿里高原的古象雄文明、距今四五千年前的岭南早期文化、距今约4000年前黄河上游地区的马家窑文化中，都发现过屈肢葬。

根据以往的考古经验，墓葬的方向也是判定墓葬的族属以及时代的一个很重要的方面。考古队员在一遍遍反复查看那些棺木之后，一个现象引起了他们的浓厚兴趣：已出土的所有棺木，无一例外，均有规则地东西向摆放。而整个关中地区以及甘肃，在已发现的几千座秦墓中，棺木基本上都是东西

雍城： 春秋时期的秦国国都，建都长达 294 年，有 19 位秦国国君在此执政，是秦国定都时间最久的城市。雍城以水御敌，再后来才修筑城墙，类似于今天的水城威尼斯。秦迁都后，宗庙仍留在此地，许多重要祀典还在这里举行。雍城遗址的发现被称为中国十大考古发现之一。

向的。

这时（1977 年），与这座神秘大墓处于同一范围内的另一处已确定的秦遗址，秦国九都之一的秦雍城遗址的发掘工作获得了突破性的进展：在这座秦古城的寝宫陵园范围内，与这座神秘大墓形制相同的呈"中"字形的大墓陆续出土了 18 座。

至此可以断定，南指挥村这座神秘的大墓确属秦墓。

但是，人们最不愿看到的情形出现了，封土层上不仅发现了盗洞，而且总数达 240 余个之多。这就意味着墓中最有价值的文物——青铜器可能已不复存在，整个墓葬可能是一座空墓。如是，不仅一场辛苦将无果而终，这座罕见大墓的主人是谁也将成为一个永久的谜。

▲ 考古发现的秦雍城遗址。它是当时列国中规模最大的都城，占地面积约 11 平方千米

▲ 众多的盗洞意味着在这座大墓中人们可能将一无所获，大墓的真相可能将永远是一个谜

四、再现异端,黄肠题凑

出于多种原因,主墓室的发掘清理工作一直拖到1986年。当人们怀着忐忑的心情清理到墓室中部时,又发现了一个奇怪的现象:在主棺的东、西壁及棺底、盖外,都有两端有榫头伸出的去皮柏木,并与棺壁南北两侧的柏木榫合,构成了一个长方形的如同房子一般的形制——"黄肠题凑"。

> **黄肠题凑**:是帝王一级使用的椁室,使用者主要是帝王及其妻妾。最晚在战国时期已经出现,基本特点是用柏木层层平铺、叠垒,一般不用榫卯。天子以下的诸侯、大夫、士也可用题凑,但不能用柏木。经天子特许,诸侯王和重臣死后也可用黄肠题凑,如汉朝的霍光,汉宣帝就赐给他梓宫、便房、黄肠题凑各一具。

"黄肠题凑"中的"黄肠",是指去皮后堆垒在棺椁外的黄心柏木枋;"题",原指人的额头,进而指木枋端面的榫头;"凑",指垒砌的柏木心端头都向椁内,形成一个长方体的空间。"题凑"是一种葬式,始于上古,多见于汉朝,汉以后很少再用。周时,天子、诸侯、大夫、士等均可用"题凑",但除天子外是不能用柏木,也就是"黄肠"的,多用松木及杂木等。因此,"黄肠题凑"专指天子葬制。

这让考古队员大感不解,难道前面的判断全错了,这不是一座秦墓?因为在先秦时代,即便是秦王也没有享用这一待遇的资格。这诸多悬疑,只能"'开'棺定论"了。

▶ "黄肠题凑"本是周天子葬制,但在这座墓中出现了,令人大惑不解

五、不幸万幸，野心雄心

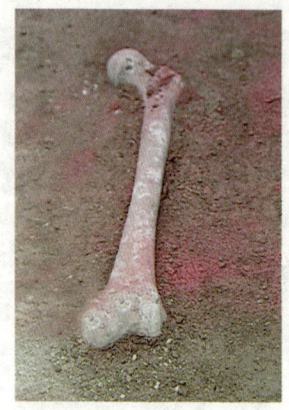

▲ 主棺内唯一的遗存——一段股骨

墓室终于被打开了，果然不出所料，除了主棺上下有一些石头残片及在棺中发现了一段股骨外，盗墓贼"清理战场"的工作完成得可谓干净彻底。这座神秘的大墓，也许注定要留给后人一个不解之谜。

为了从少得可怜的遗存中找到可带来新线索的蛛丝马迹，考古队员开始细致地清理那些碎石残片。也许是皇天不负有心人，其中棺顶上的石头残片经拼凑复原，竟是一双长约1尺（约33.33厘米）的石鞋底，石鞋底东西向放置，底下是鲜红的朱砂。

考古专家认为：这种特制的石鞋底在古人看来具有一种象征意义，可以用来保护、维持他的权力。但它对墓主身份的确定，并不能提供更多线索。

有着突破性意义的发现在棺底的碎石残片上，在一只复原的石磬上竟然发现了一篇记述一次宫廷宴乐活动的铭文。而且铭文中详细指出了这次活动的召集者，也就是这座大墓的主人是"共桓是嗣"，就是说这个人是共公和桓

▲ 主棺棺顶上发现的一双石鞋底，它在当时虽有重要的象征意义，但现在对判定墓主身份作用不大

公的继承人。以此再对照其他史料，这个人就是秦景公。秦景公自公元前577年继位，在位40年，他是秦国的第14代统治者，始皇嬴政的第18代先祖。

秦景公墓后来被定名为"秦公一号大墓"，它是中国迄今发掘到的最大古墓。由此人们可知：那时的秦国，已在雍城雄踞百年，国力也日渐强大；也正是在那个"礼崩乐坏"的大环境下，秦君僭越使用天子葬仪，而且规格竟然超过周天子的几十倍，这足以说明，至少从那时起，秦人已有了不臣之野心和不甘屈守关中、倾力东向发展的雄心。这样，秦人此后能兵锋一路东指，霸周原、灭六国，一统华夏，也就容易理解了。

> **礼崩乐坏：**礼在中国古代是社会的典章制度和道德规范，乐坏就是享受靡靡之音。寓意社会制度和文化秩序遭遇重大变局，亟须内圣外王之人改进。春秋后期，礼崩乐坏主要表现为，井田制逐步解体，诸侯、卿大夫僭用礼乐的现象普遍，分封制和宗法制遭到严重破坏等。

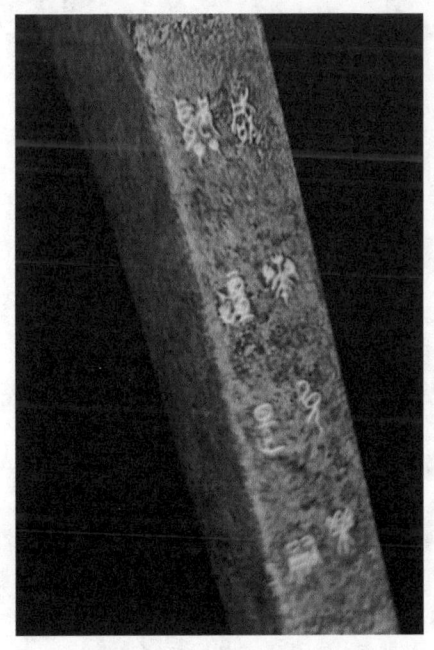

▲ 根据石磬残片上"共桓是嗣"的铭文，人们终于知道了大墓的主人是秦景公

湖北省荆州市有一片楚国古墓葬群，仅川店镇的熊家冢就有1000多座古墓，川店文保所所长郭永清几十年来守护着这些古墓。

熊家冢

战国七雄： 东周战国时期7个最强的诸侯国的统称，分别为齐、楚、秦、燕、赵、魏和韩，史学家称作"战国七雄"。7个诸侯国之中，除了秦国在崤山以西之外，其余的6国均在其东边。因此这6国又称"东方六国"。公元前241年赵国联合楚、魏、燕、韩等国攻打秦国，但为秦所败。从此，东方六国联盟不复存在。公元前221年，秦灭六国，统一天下，七国争雄的局面结束。

湖北省荆州市曾是战国七雄之一楚国的都城，当时是中原最大的城市。时间过去了2000多年，当年的宫殿、城池早已毁于战火，但川店还保留着楚国高等级贵族墓地，还有164座大墓没有开掘。这些大墓里保存着什么，谁也不清楚，但是楚国王陵却被很多盗墓贼盯上了。于是在川店的土丘上，上演了一幕幕惊心动魄的古墓保卫战。

川店有座古墓，地面封土堆高达7米，当地人叫它熊家冢。1998年的一天，在熊家冢的顶部，突然出现了几个深洞。盗洞大概有10厘米的直径，往下延伸看不到底。

村民王德州祖祖辈辈住在熊家冢附近，这里的一草一木他都了如指掌。王德州暗叫不好，这很可能是盗墓贼挖出来的盗洞，此事非同小可，王德州不敢耽搁，赶紧将情况告诉给荆州市川店镇文物保护所所长郭永清。

郭永清一看，洞是盗墓贼用洛阳铲探测古墓深度时留下的7米多深的探

▲ 熊家冢

洞。虽然没有把古墓挖开，可这是个信号，要赶紧采取保护措施。

当天晚上王德州家的狗叫得特别厉害，王德州出去看看也看不到什么，到凌晨2点才休息。一夜没好好合眼的王德州一大早跑到熊家冢上，立刻吓出了一身的冷汗，昨天才10厘米大小的洞，已经变成了可以钻进去一个人的大洞。由于打通墓穴时，会有大量的沼气往上冒，盗墓贼当时无法进去。刻不容缓，王德州和郭永清马上把这事上报给了荆州市文物局。

文物局立即组织人手把盗洞填上了。同时，考古队立即进入熊家冢，查看大墓的具体情况。

经测量，主墓的开口68米长，70米宽，面积相当一个小足球场，这是目前发现的规模最大的楚国墓葬。但这只是主墓，还有足球场那么大的陪葬墓和130多个殉葬墓、大型车马坑和200多个祭祀坑。

熊家冢陵园的面积为15万平方米，这么大规模的古墓，让考古专家们吃了一惊。主墓面积实在太大，挖掘难度也很大，不敢贸然行动。专家们决定先挖开130多个整齐排列的殉葬墓，可是，刚刚打开其中的36座，就让他们感到不可思议。

他们发现墓主人只佩戴一套玉器，没有其他器物，这和其他地方的墓葬

▲ 熊家冢古墓群

▲ 殉葬墓群

熊家冢墓地： 位于楚故都纪南城遗址西北，是目前所见规模最大、保存最完好、陵园分布最完整的楚国高等级贵族墓地，也是春秋战国时期楚文化最高水平的杰出代表。由主冢（即熊家冢）、祔冢、殉葬墓、车马坑、祭祀坑组成。因主冢东侧为明朝熊姓家族的墓葬而得名。

形制不一样。

中国古代视玉为君子的象征。佩戴玉器的人身份都很高贵。这些殉葬墓里，除了人的尸骨，只有一套完整的玉器，这让考古学家难以解释。在一般的考古发现中，一个墓里有10件、20件玉器，就算重大发现了，但是这36座墓中，一共发现了1500件做工精致、价值连城的玉器。而这些墓，还仅仅是熊家冢的殉葬墓，那在熊家冢的主墓里会有多少惊人的发现呢？

荆州市文物局局长阎频说："新中国成立以来，还没有发掘过这么大规模的楚国贵族墓，这里的每一个发现都是非常震撼的。"

专家在挖掘熊家冢墓葬群的时候，各种保护措施也一步到位，考古队、文物局的古墓巡查队和武警战士把熊家冢严密保护起来。但是刑警出身的郭永清却一点也不感到轻松，心里老不踏实，吃不下睡不着。

他认为盗墓贼绝对不会就此罢休，他们可能不会走远，还在周围注视着川店的其他古墓。川店有164座古墓，除了已经保护起来的熊家冢，还剩下的 163 座古墓，会不会又被那伙盗墓贼盯上呢？问题是，这些人是谁，他们有多少人？他们在哪里？一切都是未知，一切又似乎随时可能发生。正在郭永清发愁的时候，有村民来报告，说发现几个陌生人在一个叫窑冢的古墓附近活动。

郭永清凭经验觉得生人在墓区打转，十有八九是来盗墓的。

窑冢在一片棉花地中间，20 世纪 60 年代开荒造田后，窑冢就成了棉花地的一部分。窑冢的封土堆跟熊家冢差不多，也有 7 米高。郭永清巡逻时，发现两株棉花有些异样，叶子枯萎了。他一提棉花，不费劲儿地连根拔了起来。

再拔另一棵，一个盗洞口赫然出现眼前。盗洞口约 0.67 米宽，4 米多深，洞口用木棍横向支撑，木棍上面又铺了些杂草、树叶和黄土，两株棉花浅浅地栽在薄薄的黄土上。

郭永清当过刑警，事态越严重，他脑子越清醒：发现盗洞是个好时机。盗墓贼们不知道盗洞已被发现，今天晚上还得来接着挖。郭永清想守株待兔，给盗墓贼来个一网打尽。

当天晚上，郭永清和川店镇派出所民警在窑冢边守了一宿，盗墓贼连个影儿都没露。郭永清和民警们又守了两宿，可这帮狡猾的盗墓贼仍然没有露面。

郭永清觉得几天前发现盗洞的时候，可能被盗墓团伙窥见他们望风而逃了。他只好组织村民把这个 4 米深的盗洞填上了。但是，郭永清非常清楚，这帮坏人不会离开川店镇，他们肯定还在死死地盯着川店的其他古墓。说不定哪个月黑风高的夜晚，他们还会再和郭永清较量一番。

郭永清发动群众，组成巡

▲ 伪装的盗洞

查队每天巡视。盗墓贼找不到下手的机会。郭永清成了盗墓贼的眼中钉、肉中刺。

2007年深冬的一天晚上，郭永清的电话突然响了起来。这个时候的电话，大多是村民们打来的报警电话。郭永清连忙起身，接通了电话，但对方始终不讲话。

谁在深更半夜打来电话，又不说话呢？郭永清放下电话，刚要睡着的时候，电话又响了。

只听到对方的气息声，怎么问对方就是不讲话，还给挂掉了。

从此每天半夜，郭永清都会接到这样的电话。郭永清知道这种骚扰，不想让他睡安稳觉是无声的威胁。郭永清再也不搭理这样的电话了，可是没几天，又来了一条短信。短信只有三个字：我恨你。

赤裸裸的威胁，使郭永清意识到，盗墓贼急红了眼。郭永清不怕威胁，他不把几个盗墓贼放在眼里。但是，他怕这帮亡命徒对自己的家人下毒手。

郭永清没把实情告诉妻子和儿子，他让妻子去了浙江的亲戚家，让她多待些日子，还安排儿子和同学假期到外地去旅游，自己继续和盗墓贼较量。

盗墓贼们看到郭永清不但不害怕，反而步步紧逼，决定对他下手。那天一大早，就在郭永清他们巡查古墓的时候，一场车祸突然发生了。附近村民听到郭永清的呼救，赶紧聚了过来。那辆撞倒郭永清的面包车，慌忙逃跑了。

由于郭永清反应快，及时躲闪，保住了性命，但是身受重伤。

3天之后，郭永清醒了过来。回想起那场车祸，他也是一阵后怕。可郭永清也明白，盗墓贼们不会就此罢休。果然，没过几天，他的电话又响了。这一回，对方隐藏了来电显示，电话内容让郭永清十分愤怒。

郭永清说，对方说你如果再多管闲事，会有更大的事在你身上发生。

接到这个电话后，郭永清再也不想在医院养伤了。他缠着绷带，打着石膏，一瘸一拐地回到了岗位，他要马上去查看每一座古墓。

郭永清说，我要继续我的工作，尽我的职责。为保护文物即使失去生命，也在所不惜，我相信还会有人接着做这件事情。

从这以后，盗墓贼还真销声匿迹了一段时间。但是郭永清知道，这伙人不死心。不把他们连锅端掉，这100多座古墓不会安生。果然又一个隐匿来电显示的神秘电话打到了郭永清的手机上。这次电话的内容，却让郭永清迷惑不解。电话中只说了一句，在川店镇以西16千米，有人正在盗墓。郭永清马上想到，那就是川店镇最大的两座古墓——双冢，这墓的规模是熊家冢的2倍多。

郭永清说，电话中那人说他非常痛恨那些盗墓的，巴不得你们把他们全都抓起来。我没跟他多讲，凭他说的这句话就觉得这个人是有正义感的，觉得这个人也许就在我的身边。

郭永清一琢磨，不能打草惊蛇，所以他没通知警察，便借了一辆朋友的面包车，只身一人前往双冢。郭永清的车刚一到双冢所在的双宗村，就发现街上来来往往走着几个陌生人，这几个人的眼神，有一搭无一搭地老往护墓哨所里瞟。

郭永清把车停到了路边的偏僻地方，为了不暴露自己，他蜷在车里，给派出所打了一个电话。而派出所提供的情况，更让郭永清感到事态严重。

派出所的同事说的确有一伙外来人员，白天休息，晚上在一个房子里灯火通明，搞得轰轰作响，情况特别反常。

经调查了解，这些陌生人10天前就来了，自称是来收购棉花的，还租下了当地的一个废弃粮库。村民们反映这伙人白天根本没去收棉花，到了晚上，粮库里倒是灯火通明。郭永清心里一下就明白了，这伙外地人租下的粮库距双冢的封土堆只有10米左右，如果在粮库里横向挖地道，几天的工夫就能把古墓挖开。事不宜迟，郭永清马上向川店镇派出所报告了情况。

郭永清反映的情况，引起了荆州市警方的高度重视。很快，荆州市公安局调集精兵强将，成立专案小组，直扑双冢古墓，把那间废弃粮库围了个水泄不通。

郭永清回忆，我们走到第6间屋的时候，我发现门推不开。推那门时，觉得里面好像有人顶着，我说屋里有人便用力一推侧身进去了，一拳就打倒

▲ 盗墓贼成了瓮中之鳖

一个。就发现洞口了,那一瞬间,我确实太兴奋,就大喊包围粮库,洞口确实在里边。"

这时,盗墓贼仍在盗洞里,民警鸣枪示警,把盗墓团伙的主要成员全部堵住。在这个直径只有80厘米的洞里,警方一共抓获了8名盗掘古墓的犯罪嫌疑人。他们已经在这里垂直挖下8米,横向挖进7米,如果当天晚上不抓获他们,不出3天,川店最大的楚墓就要惨遭劫掠。

犯罪团伙终于被一网打尽,川店镇164座古墓躲过了一场劫难。郭永清长出了一口气,心里涌上一股幸福感。

在中国的西南部许多陡峭的崖壁上，人们能看到一具具神秘的棺木或者静置于石洞之中，或者安放在桩孔之上。是谁会将自己的亲人这样安葬？这种奇特的葬俗为什么会"一刀切"般地几乎在同一时间戛然而止？悬棺所属的那个神秘的族群到底发生了什么？他们的后人如今在哪里？

悬棺的主人

明朝万历元年（1573），刚刚登上九五之尊的明朝第13任皇帝朱翊钧，为了彰显自己手中皇权的至高无上，对世居中国南方的一支彪悍的少数民族——僰人，发动了一场轰动天下的大会战。明政府屯精兵14万于今天的四川省宜宾市，欲对僰人斩草除根。

那么僰人到底是何来历？又为什么能招得那位刚登基的万历皇帝大动肝火以至大动干戈呢？

一、悬棺的主人——僰人

僰人今天最令人惊叹的遗存就是他们的悬棺。在中国，从春秋时起，沿福建武夷山、江西龙虎山、重庆小三峡一线都有悬棺留存，而在悬棺的近旁，又总是伴有一幅幅色彩艳丽、诡秘神奇的崖画……但现在藏量最大，保存最

▲ 高悬于崖壁上的僰人悬棺及悬棺旁的崖画。令今人最感惊奇也难以理解的是：悬棺，这现代技术都难以完成的艰巨工程，当时的僰人究竟是如何做到的呢

周武王： 姬发，西周王朝开国君主，周文王次子。于公元前11世纪消灭商朝，夺取全国政权，建立了西周王朝，表现出卓越的军事、政治才能，成了中国历史上的一代明君。在他即位的第二年，为了试探商纣王对周人备战活动的反映，出动军队大规模向东进发到孟津。自动来参加盟会的有800多诸侯，史称"八百诸侯会孟津"。

西南八夷： 是汉朝对分布于今云南、贵州、四川西南部和甘肃南部广大地区少数民族的总称。这些民族中，夜郎、靡莫、滇、邛都等部族定居，主要从事农耕；昆明从事游牧；其余各族或农或牧。西南八夷中彝族占绝大多数。1956年，毛泽东与彝族干部商议，将"夷"改为"彝"，意为有吃有穿，象征兴旺发达。僰在西南夷中政治、经济、文化发展水平最高，接近于汉族。

完好、内涵最丰富的是在川南宜宾的珙县等地，这里是僰人曾经繁衍生息的故土。

据考证：僰人属古百越民族的一支，在中原人的眼里，生活于荆棘石岩之中的僰人自然是蛮夷。但由于僰人在周武王讨伐西南八夷时立过功，秦汉时又建立了僰侯国，因此又是蛮夷中较先进、较强大的一支。僰人在2000多年里不断发展壮大，到明时俨然已成为西南少数民族的领袖。这个雄踞云贵川三省交界的咽喉地带，且又性情剽悍、不易驯服的族群，自然而然便成了中央政府的心头之患。明朝开国以后，政府为了加强对西南地区的统治，开始逐步限制僰人的利益，尤其是废除了当地沿传已久的蛮夷酋长制度，代之由中央政府委员管理后，原本紧张的对抗终于演变成一场僰人全面反抗明朝政府的战争。

二、战争——强行为僰人的历史画上"句号"

自3月21日战争爆发,人多势众、装备精良、训练有素的明军在几个月里先后攻下了灵霄城和都都寨2个僰人的重要据点,僰人就剩下易守难攻的天险九丝城了。据《明史》卷212《刘显列传》记载,九月初九这日是僰人一年一度的赛神节,酣战数日的僰人开始放歌纵酒……可是在夜色中,蓄谋已久的明军却偷偷地杀了进来。僰人大部遭诛、城郭被焚,就连他们视为圣物的铜鼓也尽失。随后,明军又对逃散的僰人展开了残酷的追杀,目的是将敢于对抗中央政府的僰人斩尽杀绝。

根据明军后来所立的《平蛮碑》记载,自万历以后"僰"这个字就很少出现,而悬棺——这个僰人延续了2000多年的习俗也随之中断。1974年春,在僰人悬棺遗存最多的珙县,对悬棺的首次考古发掘在四川省考古队的主持下展开。经检测所有文物的年限都截至明万历年间,此后再也没有年代距今更近的僰人悬棺。这一发现也正好印证了《平蛮碑》的记载。

三、僰人真的亡族灭种了吗

一个古老而独特的少数民族竟然在明万历九月突然消失,今天在僰人生活的故土再也看不到一丝他们后代留存的迹象,难道僰人真的像明朝史料记载的那样被"根诛隙拔"

▲ 明人的《平蛮碑》及1974年对悬棺首次考古发掘时的情景。当时发现的部分有凿齿痕迹的僰人遗骨和文物,为今人了解僰人——这个几百年前就消失了的古老族群,提供了宝贵的线索

了吗？

　　四川的僰人文化研究者黄文华和屈川认为：一个几万人的民族要一个不剩地全杀干净，这种可能性不大。后来明史料中还有要对幸存的僰人进行强行教化的说法，就说明还有幸存的僰人。

　　贵州的民族学家翁家烈也认定有僰人幸存下来，因为根据历史记载，古僰侯国以宜宾为中心，位于南盘江、南广河、朱提江三大河流域，跨如今云贵川三省，所占地域是比较广的。而这一地域的东北部，是明军当年并没有深入到的。因此他认为这一地区应该还有僰人能活下来。不仅如此，翁家烈还构想了一条僰人可能逃跑和生存的路线。

　　于是，川黔两地学者一起踏上了漫漫的探寻之路。

　　从九丝城一路向南直到历代的南疆重镇云南昭通市盐津县豆沙关，虽然一路上都有古僰人生存的印记，如僰人生存区域三大水系之一朱提江畔的万丈峭壁上仍赫然而立有僰人的悬棺，但学者们大多认为：这里作为明朝的南疆重镇，战败逃亡的僰人是不可能在这里生存的，他们很有可能偷偷穿过这里一直向东或向西，隐入了云贵边境的莽莽大山。

　　一行人继续前行，虽然云南方面的学者也加入进来使队伍不断壮大，但直到踏入云南省东南端少数民族聚居的文山州，仍没有什么有价值的发现。这里属于僰人三江生存区域的南盘江流域，已经是当年僰人可以到达的最南端。那么，当年亡命的僰人能在此获得一块安身之地吗？

四、初显蛛丝马迹

　　在丘北县城北 14 千米一个叫"普者黑"的村落，村民向前来考察的学者们透露，他们不仅知道僰人，而且还在赶街的时候见过，他们是一个戴着马笼头的人口很少的民族；僰人的寨子在大山那边很偏僻的地方，他们非常贫穷、落后，当地人都称他们"锅泼（很野蛮、落后的意思）"或"戴马笼头"的人……丘北县竟然出现了僰人！是真的僰人还是自称？尤其是马笼头这个词，更是让学者们怦然心动：僰人曾经是一个善于养马和骑马作战的少数民族，这一点在他们的岩画中也有突出的体现。史载南宋时茶马互市，宜宾的汉人常用茶叶和货物换僰人的马匹，川马也成为宋军主要的马匹来源。这些戴马笼头的人和僰人的民族特征怎么会那样契合呢？这些戴马笼头的人会是僰人的后代吗？

很快，学者们按照当地人的指点，穿越群山踏进了舍得乡一个名叫白泥塘的村寨，这里怪石嶙峋，举目都是石崖石屋，显得非常贫瘠。悬棺主人的后代竟生活在这穷乡僻壤的石缝间？几百年前，在四川宜宾，僰人为了抵抗明军的攻打，建造了宏大严谨的石堡石寨，以至于被称为悬崖上的民族。那么，现在他们的生活是继承还是一种无奈呢？

> **茶马互市**：互市指历史上中原王朝与周边各族间，及中国与外国之间的贸易往来。"茶马互市"起源于唐宋，是我国西部历史上汉藏民族间一种传统的以茶易马或以马换茶为中心内容的贸易往来。"茶马互市"对维护了宋朝在西南地区的安全与稳定起到重要作用，是两宋王朝具有重要战略意义的治边政策。通过茶马贸易，还满足了封建王朝对战马的需要，又为朝廷提供一笔巨额的茶利收入解决军费之需。

五、白泥塘见闻

村民们看见有外人来，纷纷兴奋地穿起了艳丽的民族服装跑出来观看。闲谈中当他们露齿一笑，他们用金属薄片镶的两颗侧门牙让学者们大吃一惊：1974 年，在四川省宜宾市发掘出了 10 具悬棺尸骨，其中 7 具成人尸骨有 6 具都被打去了两个上齿，这是当时最令人印象深刻的发现。而这一风俗据当地人说，是由于以前瘴气重，人染了瘴气会牙关紧闭，灌不进汤药。为避免因此而丧命，久而久之就形成了打牙的习俗。虽然不知道村里人如今的镶牙是僰人凿齿习俗的演变，还是悬棺中沉默的僰人生前也是镶牙，但是这里独特的文化刚开始就令人心头一震。

在学界，以往有人提出僰人就是白族，因为在当地"僰"与"白"的发音是相同的。但专家在白泥塘发现：这里人们不仅语言与白族不相通，而且

▲ 镶齿习俗、独特的服饰和"跳乐"等种种迹象，使学者们将颇为另类的白泥塘人和几百年前消失的僰人联系到了一起

服饰上的差别也是十分明显的，但和人们已掌握的川南僰人的某些风俗却完全一致，如海贝这种2000多年前在僰人中盛行的古老装饰物至今还一成不变地在这里延续。这不能说是种巧合，可见，这里人和僰人之间确实存在某种联系。

但这里这些自称僰人的人，身份证上标注的却都是彝族。彝族是个能歌善舞的民族，可专家们在这里发现：白泥塘人有着属于自己独特的、与彝人完全不同的歌舞——跳乐。

这些人究竟来自何方呢？

六、多角度比照，僰人后裔"水落石出"

百越族：居住于现今中国南方，和古代越人有关的各个不同族群的总称。百越族分布很广，整个江南之地，即交趾至会稽，在秦朝、汉朝以前都是百越族的居住地。最早出现的一支是春秋时的于越，而到东汉、三国时期，百越族已经逐渐消失。

2003年6月，云南省考古研究所的专家来到白泥塘，通过对这里的人进行人体DNA检测后发现：这里人的DNA结果与非百越民族的彝族相去甚远，明显带有百越民族的特征，与川南悬棺里的人骨检测做出来的结果是一致的。但是，这里历来是多民族混居地区，如壮族、傣族也都属于百越民族。因此，DNA检测样本的有限性只能表明大概的族属,作为一种辅助证据,这里人是否是悬棺主人的后代依然无法确定,更可靠的证据还需要回到对僰人基本特征的详细考证,路径与比照标准是:僰人最典型的3个文化特征是崖画、铜鼓和悬棺,并且他们是历史上鲜有的3个特征同时具备的少数民族。

在接下来的探寻中,专家们先是在丘北县曰者镇的狮子山发现了大量独特而瑰丽的崖画,而且它们恰恰如悬棺旁的图画一样古朴真挚、色彩鲜艳,完全一致的笔法和特性不由得令人将两者联系起来;接下来从文山州博物馆里收藏的大量铜鼓上,发现了与已知僰人铜鼓有惊人相似之处的纹饰。自此,僰人两大文化特征找到了答案,可悬棺呢?这个僰人文化最关键的因素却全然没有踪迹。

真是"无巧不成书",就在这时,专家们在与当地村民的闲聊中得到了一条重要线索:这里的葬俗是家家都有一个高约30厘米,直径40厘米的木质鼓状祖棺,里面装着一些代表先祖灵魂的金属铜片。当地人平时将祖棺隐藏在一个高而隐蔽的地方,祭祖时取出供后人祭拜。由于早时当地人是将(战

▲ 狮子山上的崖画和文山州博物馆里收藏的大量铜鼓,它们与川南僰人故地的类似发现有着惊人的相似之处

死的）族人头领的尸骨隐匿于石崖上一棵栗树上的，后来世世代代相传，人们便把这片栗树叶子视作老祖宗的保护者，是祭祖时必不可少的物件。由此专家推测，当年僰人战败逃亡，根本不可能携带笨重的棺木同行，而后来在明朝斩尽杀绝的政策下，也不可能再继续自己醒目的悬棺文化，何况丘北一带又缺乏摆放悬棺的崖壁。于是，便将自己的葬俗改为这种没有尸骨，只有灵魂；没有悬崖，只有洞穴，但仍能使祖先灵魂的象征物世代保存和传递的洞穴灵魂葬。正如当今这里人祭祀时，都要采摘栗树叶子铺垫在地上，注意使祖棺不要接触到土。这似乎也与古代僰人悬棺葬不入土的习俗有着某些相似之处。

但要验证这一推测，最后一个关键的问题就是如果洞穴灵魂葬真是僰人消亡的悬棺葬的更替的话，那么这两者必须在时间上有一个衔接点。历史上的僰人作为一个主体民族，它彻底匿迹于历史的时间也就是悬棺葬终止的时间是在明末清初，而通过对丘北人祖棺棺木的腐朽程度以及它里面铜片的数量及氧化程度来推算，时间大约也恰是在明末清初。这也就是说，古代僰人悬棺葬终止的年代，和丘北"僰人"洞穴葬这种葬俗形成的年代，基本上是吻合的。

至此，丘北人奇异的葬俗终于被揭开了神秘的面纱。

虽然当初与明朝政府的战争十分残酷，虽然多数僰人被杀戮或不得不被

▲ 木桶、铜片、栗树叶、奇特的葬俗，学者们认为，这是当年逃亡出来的僰人因地制宜、"与时俱进"对祖先悬棺葬模式的发展

强制同化，但现实中仍有僰人按自己的模式顽强地生存了下来。他们不仅用最近似悬棺的途径沿袭着古老的葬俗、铭记着祖先的嘱托，更是在一直延续着他们不曾中断的坚韧和传奇。因为经过各方的检测和比对，在丘北6个乡42个村生活的5000多人很可能就是僰人的后裔。

湖北省钟祥市有座古墓，打开古墓的封门墙，竟看见一块现代的毛巾顺水漂过来，这表明曾经有人进入古墓。

古墓夺宝

一、挺进地宫

　　湖北省钟祥市大洪村。根据考古学家将近一年的严密勘测，距离地面3米以下有明朝皇家墓葬——梁庄王墓，具有重要的考古价值。然而古墓完全被水保护着，这种现象在古代皇家墓葬里是从未遇见过的。

　　古墓门前大量涌出的水，会不会是当年古墓的设计者为了保护地宫内的宝藏所设置的防御机关呢？

梁庄王： 明仁宗的儿子，生母为郭贵妃，是开国功臣郭英的女儿。梁王自幼受宠，14岁便封王，《明史》称他"好学乐善，孝友谦恭"。他只有2个女儿，其中二郡主的后裔朱文占，后来还参加了武昌起义。梁王墓中随葬品丰富精美，堪居已发掘亲王墓之首，拥有迄今全国已见的7顶金座帽顶中的6顶。

　　古墓的主人是梁王朱瞻垍，明朝开国皇帝朱元璋的曾孙。他17岁的时候被封为梁王来到钟祥。离开北京后，皇帝不断地赏赐大量金银珠宝给梁王。

　　来到钟祥13年后，年仅30岁的朱瞻垍病死了，朝廷追封其为梁庄王。由于他没有儿子，所以不可能有人继承他从皇帝那里得来的巨大财富。然而令后人奇怪的是，历史上从未记载梁国大量奇珍异宝的下落，这些财富到哪里去了？这成为数百年来的不解之谜。有人认为，这些宝藏可能埋藏在梁庄王墓的地宫里。

梁庄王陵废墟边上曾居住着一户人家，由于发生过一起盗墓案，盗墓贼没有打开古墓就被他们发现并报告了有关部门。为了躲避盗墓贼的报复，

▲ 梁王墓地宫的封门

他们悄悄搬走了。也正是因为这次盗墓，文物部门认识到埋藏着珍宝的古墓已经不再安全。于是，考古队进入这个山村，准备对古墓进行保护性发掘。没想到的是，他们遇到了怎么也排不干的水。

张陵是湖北省水文地质工程勘察院的高级工程师，具有非常丰富的野外水文勘测经验。他要对周围的水源有没有可能进入梁庄王墓做出判断，他认为从地质结构分析，这个地方是丘岗地貌，不可能有地下暗河。

果然不出他所料，就在那天下午，封门砖外忙碌的人们突然看到古墓向外渗水的水线缓慢下移，这意味着封门砖后面的水位在逐渐下降。

> **地下暗河**：也叫"伏流"，指地面以下的河流，是地下岩溶地貌的一种，是由地下水汇集，或地表水沿地下岩石裂隙渗入地下，经过岩石溶蚀、坍塌以及水的搬运而形成的地下河道。暗河有自己的补给、径流和排泄系统，大的暗河是岩溶地区重要的水源。

那些汨汨而出的水究竟是从哪里来的呢？张陵观察后分析，由于地宫上面土层植物根系密布，那些根系扎入泥土逐渐穿透古墓顶部进入了地宫，一旦下雨，地面上的雨水就沿着植物根系渗入地宫，在地宫内逐渐形成积水。但按照这个道理，进入地宫内的水也会继续往下面的土层渗透，而不会停留在地宫中。这些水为什么会大量留在地宫里呢？

张陵认为墓室都要做防潮防水处理，墓室等同一个大盆，使上面渗流下

来的水聚集在这里。

地宫积水的问题得到了解释，水位也开始慢慢下降，应该是打开封门墙的时候了。这时有大胆的考古队员自告奋勇，希望率先进入古墓探个究竟，但被湖北省文物考古所研究员梁柱制止了。因为他也不知道墓内究竟会有什么危险。

按照明朝地宫的建筑规制，封门墙是进入皇家地宫的第一个关口，穿过这堵砖墙，是一条笔直通往地宫大石门的甬道，暗器机关大多数会设在这个地方。

究竟有什么样的暗器机关在古墓内呢？《中国盗墓史》比较系统地揭示了盗墓行为，总结了古代墓葬防御的几种主要方式，分别为蓄水、机弩、毒气和积沙。

根据古墓的防盗方法判断，梁庄王墓里首先是水，现在，水已经得到控制。大家担心另外一种暗器，那就是机弩。

梁柱认为经过这么多年，即使有暗箭飞刀之类的机关，也都失灵了。何况到目前为止，中国发掘的墓葬里，没一座发现有这些设备。

这座被封闭了几百年的古墓，地宫的尸体等有机物腐烂分解后，很可能形成某些有害气体。

考古人员搭梯子上去撬封门砖，一层层地按照编号往下取。随着封门砖逐渐被拆掉，人们的心情越来越激动，仿佛奇珍异宝近在咫尺了。

这时候，封门墙后面的水中漂来一件粉红色的纺织物。这种很容易腐烂的物质在古墓内很难保存，出现这种情况，意味着墓内的随葬品保存完好。据此推断，这座地宫内不仅保存了金银珠宝等硬质文物，还可能出现记录文字的纸张或者丝

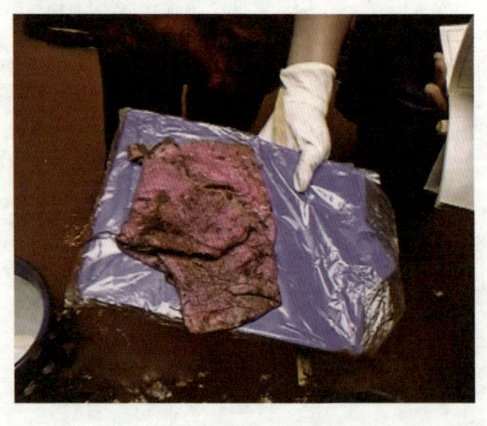

▲ 地宫中发现的毛巾

织物，对于考古学，这将是重大的发现。

但是梁柱看这个织物很新，像是现在普通的毛巾。这使大家的情绪一落千丈。完了，这个墓被盗了，而且是最近被盗的。

大家议论纷纷寻找原因和证据，梁柱心情异常沉重，也许这个探宝行动还没开始就已经结束了。

二、入地无门

地宫里，除了考古队员进来的小小通道以外，根本就没有第二条通道进出。要是有人曾经进入，那么他们是从哪里进来的呢？

需要有人先进入这个甬道，对地宫内的情况做出基本判断。

钟祥市博物馆馆长周代玮和梁柱先进去了，一个脚印压一个脚印往前走，按常理这是不允许的。但这是为了解释疑问，也为确认是否有盗洞造成垮塌，他们打着手电，小心翼翼观察甬道内砖石结构是否存在危险。

前室没有发现垮塌、堆积，也没有被盗墓者扰乱的现象，就是一层很厚的淤泥。

梁柱和周代玮继续向前缓慢移动脚步，梁柱心中突然产生一个疑问，按照规矩，地宫的一对石门应该是完全闭合的，谁会打开这道石门呢？

梁柱曾参与发掘北京十三陵，最近又阅读过定陵发掘报告，对明朝皇家陵墓制度牢记于心。

然而现在面对的景象和他以往的经历完全不同。他小心翼翼地走过只有一扇石门的大门后，看到了一个难以置信的现象。

明十三陵： 明朝皇帝的墓葬群，是现存规模最大、帝后陵寝最多的一处皇陵建筑群，坐落于北京市昌平区天寿山。从永乐七年兴建长陵，到明朝最后一位皇帝崇祯葬入思陵，230年间这里共埋葬了13位皇帝、23位皇后、2位太子、30余名妃嫔和1位太监。

梁柱先向左边看，根本看不到石门。也就是说，本来是一对的石门，其中一扇并非他们想象的被打开后靠在旁边的墙上，而是根本不存在。这个地宫只有一扇大门。没有大门的地宫，在皇家陵墓里是不可能的。这个奇怪的

▲ 地宫缺了一扇石门

现象意味着什么?

就在梁柱百思不得其解的时候,不经意抬头,发现了一个更令人震惊的景象。梁柱看到套石门的铁臼只剩下半拉茬子,这只有一种解释,这个石门是被撞破的。

从崩裂的铁臼可以推测,失踪的石门曾经被强大的力量撞击,不仅撞烂了几百千克的石门,而且还撞崩了厚厚的铁臼。难以想象,撞烂这个石门需要多大力量。

不仅如此,石门被撞破之后,撞破石门的人不但离开了这个古墓,而且还把掉在地上的碎石全部清理干净。这简直不可思议。

事情的关键之处,在于封门墙依然完好,谁能够携带大型工具进入甬道,击破石门进入地宫呢?

一连串的疑问考验着梁柱和他的考古队。来历不明的现代毛巾、古墓石门离奇失踪,这两个问题使梁柱意识到,这个地宫极有可能已经被人洗劫。

在梁柱几十年的考古生涯里,从来没有碰到过这么离奇的事情。现在他不知道是什么人,经过什么通道进入古墓的。而且这些人进入地宫的目的不仅仅是那些奇珍异宝,如果他们是一般的盗贼,就不可能把石门撞烂并且将现场打扫干净。

刘世堂在大洪村当了几十年的村支书,是土生土长的本地人。虽然已经退休,但身体依然结实,每天除了种地,他仍关心村子里的许多事情。说到梁庄王墓,他知道一个当地流传已久的故事。

他说,当初有个大洪庙,庙里厢房的东边有一个洞,从洞口下去有个通道,和尚可以到梁王坟里面去上灯。

这个故事仿佛在暗示,除了墓道以外,也许还有其他不为人知的通道进入梁庄王地宫内。如果真是这样，梁庄王墓内出现的一系列奇怪现象就有了解释的依据。

那么这样的传说有没有根据呢？刘世堂为了证实自己的故事，把考古人员带到了大洪庙遗址，指认那个通往梁庄王墓的地道入口。

按照老人的记忆，大洪庙就建在坡顶上，在这个庙的中间有一个洞，后来这座庙被改造成了学校，但地道依然存在。

如果说这里有一个地道通向古墓，60年前应该还会存在，刘世堂老人曾经在这里念书。他的回忆对于考古队准确找到地道入口位置至关重要，但现在是否还能找到那个地道入口呢？

由于已经被回填，今天已经无法证明那个曾经的地道究竟通向何方。现在唯一能做的就是在古墓内寻找是否有秘密地道的出口，这样才能最终解释，为什么地宫石门神秘失踪以及来路不明的现代毛巾等奇怪现象。

经过仔细调查，发现地宫确实没有被盗。

但是，现代毛巾的出现，以及丢失的半个石门表明有人进过古墓。问题究竟出在什么地方呢？

地宫的顶和四周墙壁都没有通往外部的通道，地宫的地面上覆盖了厚厚的淤泥。难道淤泥下隐藏着什么秘密？

他们再往前走了几步，就看到整个后室了，这里也没有一个能钻进人的盗洞。

这个时候，梁柱突然转身，让所有人立即撤出地宫。

三、异位棺床

梁柱看到地宫深处的天顶有一些砖块断裂了，似乎要塌下来，所以他命令大家暂时退出地宫。

但地宫的前室没有任何破坏痕迹，整个地宫只是后室顶部出现一小部分崩塌，在这些破裂的墙砖上看到了一个规则的小孔。

▲ 打穿地宫窿顶的圆孔

这十分令人费解,如果古墓被盗,一定是两种结果:第一,盗掘不成功;第二,古墓的顶部被打开,盗贼直接进入地宫。一般情况不会出现这么小的孔洞。这个现象说明什么呢?这个发现使得周代玮把这个小孔洞和之前在墓顶上发现的那个盗洞联系起来。

仔细分析后,周代玮判断墓室里看到的小孔不是爆破造成的,而是被人直接从地面用钢钎打穿的。

按照周代玮的假设,盗墓贼舍弃快速便利的爆破而采用费时费力的人工钻孔,是为什么呢?

周代玮对墓室内外观察后判断,盗墓贼打算采取隐蔽的爆破方式。他们先用钢钎从地面往下打,到了足够的深度,再把炸药、雷管放下去。

炸药的爆破力能将泥土向四周挤压,最终在地下泥土中形成一个足以容纳一人的空腔,但在这个空洞至地面只是一个小洞。因此,上面路过的人,如不注意观察,就难以发现。这样,盗墓贼只要一个晚上就可以把上面一段掘开,进入古墓里。

盗墓贼的计划虽然缜密,但百密总有一疏。他们向地下打钻的时候,不小心把地宫顶部打穿了,放炸药时,炸药会掉到古墓里。因此,他们必须用毛巾把炮眼下面堵住,再装进炸药爆破。正是由于这次爆破,那条用来堵漏洞的毛巾掉到了地宫里。

考古队抽水时,由于水流加快,毛巾就被冲出来了。

这个结论使得大家松了一口气。

梁庄王地宫已经打开,地宫内的空气也流通了,但空气会加快地宫里的藏物氧化,考古队必须抓紧时间开始搜寻清理工作。他们的步骤是沿着前室

▲ 盗墓贼炸墓示意图

中路，清理出一条通道到后室。

当他们准备清理墓主人梁庄王的棺木时，周代玮发现一个奇怪现象。梁庄王的地宫里有两个棺床，应该是合葬墓，但如果是合葬墓，两个棺床都应该处于墓室的中间，而不是一个在正中间，一个紧靠着墙。

这时候，地宫外的考古人员清理出一块石板，上面记载了其中的原委：梁庄王去世后，梁王妃欲随王同逝，要求殉葬。梁王府的管家向朝廷报告了这件事，皇帝要她仍然主持梁王宫，抚养梁庄王的两个女儿。

> **合葬墓**：指一个以上的逝者安放在同一座墓穴里的情况，一般是夫妻合葬。合葬墓又分为两种，一种是并穴合葬，一种是同穴合葬。并穴，就是指夫妻两人的墓穴规格监制基本相同，并列在一起。同穴，就是指一个墓穴里安放2具及以上数量的棺材。

然而，梁庄王去世10年后，王妃也离开人世。这个时候，再要将王妃葬到梁庄王的地宫里，就有问题了。首先，地宫只是为梁庄王一个人设计的，没有合适的位置再安置王妃；更重要的是，梁庄王入葬后，地宫石门就牢牢封闭了，门后有石柱顶住，根本无法进入。

为了将梁王妃的遗体送入地宫，只能用强力将石门撞碎。

事后，梁王府把撞碎的石块清理出了地宫，这就是缺了一扇石门，却看不到破碎石块的真正原因。

梁柱分析：门撞破以后怎么办呢，不能用一个破门，重新打造一扇石门

▲ 记载梁王妃入殓的墓志铭

又不太可能,就另外换了一扇漆木门。

现场考察发现,这扇木门腐烂后倒在淤泥里,但还能看到木门上的红漆和结疤的痕迹。

虽然梁王妃的遗体进入了地宫,但因为独葬墓只有一个棺床,没有王妃棺椁安放的地方。只能靠墙用砖砌个台,将棺木放在一边。

梁柱和周代玮终于长吁一口气,可以肯定地说,盗墓贼始终没有进入这座 500 多年的古墓。

现在梁柱面临的问题是,不仅要把大量随葬品从淤泥中清理出来,还要保证文物的安全。

梁柱来到古墓的后室,在幽暗的地宫里,他看到淤泥中星星点点的亮光,他蹲下轻轻触摸的时候,不由得大吃一惊。周围密密麻麻,几乎每一平方厘米都有文物。这跟他们预先的推测相吻合,作为明朝的一个藩王,梁庄王没有子嗣,他生前所享用的珠宝玉器、贵重物品死后便随他进入了地下。

四、倾国倾城

为了避免文物损坏,梁柱只允许少数人有序进入地宫,仔细搜寻,发现之后立刻归类保存。

清理棺床时,首先发现王妃随葬的一支金簪,是金丝焊接的立体凤簪。簪头是一只镂空的凤凰站立在一朵飞云上,飞云之下接着簪尾。整个金凤簪全长 24 厘米，完全用纯金打造，重量达到 94.6 克。这支金凤簪十分精美，凤凰的身体、翅膀、尾巴用极细的金丝缠绕、层层叠加而成，工艺极其繁复，将凤凰的形象刻画得细致入微，高贵奢华。

墓中出土仅金簪即达 20 余件。最夺目的就是金器，体量大，数量多。

▲ 金凤簪

经过仔细搜索，他们找到种类众多的金容器，有金壶、金盆、金盂、金漏勺、金锭、金钱以及大量的金片。

其中一块金锭的背面清晰地刻着两排铭文"永乐十七年四月，西洋等处买到，八成色金壹锭，伍拾两重"。

梁柱看到铭文，不由得想到数百年来的一个未解之谜：七次下西洋，传说在花费巨资的远洋航行中，郑和从东南亚各国带回大量宝石、香料、金器和珍禽异兽。那些珍宝后来都去哪儿了呢？

铭文：又称金文、钟鼎文，指铸刻在青铜器物上的文字，是判断青铜器年代的最重要标准。青铜器铭文是中国初期书籍形式之一。从史料学的角度来看，青铜器的铭文因为具有极其丰富而确凿可信的史料价值，因而显得十分珍贵。

梁柱发现，这块金锭上铭文记载的时间，与郑和下西洋的时间完全吻合。按照《明实录》记载，郑和第 5 次下西洋的时间正好是永乐十五年五月至永乐十七年七月之间。而这块金锭的文字表明，购买的时间正好是郑和那次回国前的 3 个月。

这块金锭是中国目前唯一一件，

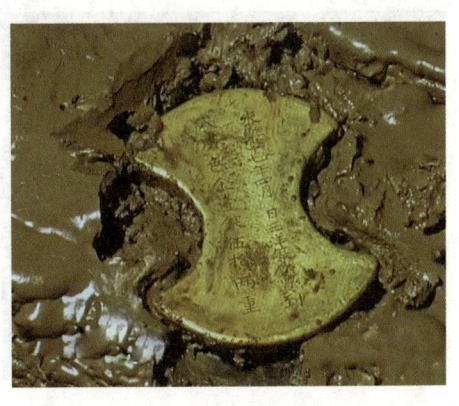

▲ 刻有铭文的金锭

▲ 镶着宝石的金帽顶

可以确凿证明是郑和从西洋带回来的物品。

他们陆续发现了很多宝石，其中有一颗重40克。

在梁庄王墓中发现的珠宝多达3400多件，经中国地质大学珠宝学院教授鉴定，这批宝石价值连城。

玉石鉴定专家杨明星说，梁庄王墓出土的宝石非常稀罕，因为明朝时期还没有金绿宝石。当时的红蓝宝石产出也极其有限，而且品级都不高，所以这些珍宝那时进到中国，毫无疑问它们的影响是空前的。

在梁庄王墓里，共出土了包括金、银、玉等各类珍宝5340件，其中金容器、金帽顶、金法器以及白玉鹘捕鹅等珍宝在此之前从未见过。除此之外，还出土了13条玉腰带，比定陵出土的万历皇帝12条玉腰带还多1条。粗略计算，这些珍宝所使用的金量16千克，用银量13千克，用玉量14千克，用宝石700多颗，文物价值无可估量。

▲ 40克的蓝宝石金帽顶

▲ 镂空玉龙金帽顶

梁庄王墓考古不仅为我们打开了一座宝藏，更成为湖北钟祥地区辉煌历史的见证，在中国考古史上出土的文物数量仅次于北京定陵。

历经了千难万险，这些珍奇的宝贝再次绽放出它们的灿烂。更为重要的是为郑和下西洋的历史提供了实物的佐证，这是始料未及的。

▲ 白玉鹘捕鹅

2003年3月9日，内蒙古通辽市科尔沁左翼后旗的吐尔基山采石矿场上，轰隆隆的开山炸石声之后，一片奇异的石壁突然从滚落的山石中裸露了出来。

凤棺迷魂

这片石壁显然不是天然形成的，因为在巨大的石块上明显留有人工雕琢的痕迹。6天后，内蒙古文物考古研究所副所长塔拉率考古队员赶至现场。

塔拉有着20多年的专业考古经验。职业嗅觉告诉他，石壁背后肯定有着不寻常的东西。在整整一个月的碎石清理工作结束后，一条甬道显露了出来。甬道尽头赫然伫立着一块巨大的石门，死死地挡住了里面所有的秘密。

一、契丹古墓

塔拉走进了甬道。甬道边墙壁上一些斑驳难辨的壁画引起了他的注意。在壁画中，有一处看似文字的奇怪符号。考古挖掘工作还未展开，这里的一切就散发出一种神秘的气息。这时的塔拉还没有意识到，探索这个巨大石门背后的秘密将是他20多年考古生涯中一段离奇的经历。

在甬道墙壁上发现的神秘符号被送到了北京。一见到这些符号，古文字专家刘凤翥先生就断定，这是一种已经消失了700多年的文字，它属于中国

◀ 墓道中的壁画

历史上一个极具神秘色彩的古老民族——契丹。

700多年时，契丹人曾经驰骋在中国北方的辽阔平原上，他们所创建的辽王朝和当时中原的北宋政权对峙了100多年。300年后，契丹人突然之间丢弃下那些巨大的城垣和高耸的佛塔，风一般消失得无影无踪。

一直对吐尔基山墓葬挖掘非常关注的内蒙古大学人文学院历史系教授、契丹史专家薄音湖肯定了这座古墓属于契丹人。通辽地区在辽上京靠北的地方，那里是契丹人和奚族的本土，是他们的主要

> **契丹：** 中古时期中国东北地区的一个民族。自北魏开始，契丹族活跃于辽河上游一带，唐末建立了强大的地方政权，907年建立契丹国，后改称辽，统治中国北方，1125年为金所灭，其余部建立了西辽王国，共延续了93年。

聚居地。与此同时，塔拉通过墓葬的形制已初步判断，这的确是一处辽朝的墓葬。

巨大的石门轰然倒下。塔拉疾步走上前，石门背后却没有出现预期的墓穴洞口。一道木门又挡在了面前，1米多高的泥沙淤积在那里。3个小时后，淤积的泥沙被清理干净，木门完全暴露在了阳光下。

一把锈蚀的铜锁紧锁着年深日久的古墓。经验丰富的考古人员担心门后藏有机关，便小心翼翼地探查着。在木门下，塔拉发现了随葬的一大一小2个铜铃铛，他的心顿时被紧紧揪住了。毕竟，历代的盗墓贼们都垂涎于古墓中的财富，他们在黑暗中的勾当曾使得无数珍贵文物和历史信息荡然无存。历史上也有过几次大规模的辽墓被盗现象，塔拉的担心不是毫无道理的。

在确定没有机关之后，木门被打开了。手电筒微弱的光线搅动着古墓中沉寂的阴霾，塔拉的目光落在古墓中一个红色的棺椁上。

二、皇族迷魂

看到这个彩棺的时候，塔拉悬着的心终于放了下来，这是一个没有被动过的墓葬。他再次走向墓室，要确认刚才看到的一切。棺椁上一只华丽的金色凤凰透过幽暗的光线，真切地落入了塔拉的眼中。他的呼吸急促了。

其实，塔拉从没有见过这样一个漂亮的鲜红彩棺。他离开墓穴，走到采石矿放炮的一个石窝子里，一个人在那儿静了一会，极力控制着自己的激动。他知道，契丹人与中原汉人一样，也是用龙与凤来显示皇家的尊贵。凤凰的图案在等级制度森严的古代是不能随便使用的，因为那是皇室女性的标志。1988年，在离吐尔基山不远处的陈国公主墓葬中，人们就曾看到过凤凰的形象。根据墓中出土的一块墓志铭来看，陈国公主是契丹一位皇帝的孙女，所以她的金冠和银靴上雕满了凤凰。

塔拉难以相信自己的运气，难道这个古墓里埋葬的是一位契丹的皇后或公主？根据史书记载，契丹王朝延续了近300年，前后共有9位皇后、16位

▲ 上下两图分别是陈国公主墓出土的錾花金靴和錾花银靴（左）；上下两图分别是錾花银枕和錾花银枕的枕面（右）

公主。眼前凤棺中的会是她们中间的哪一位呢？塔拉嘱咐大家挖掘时要格外小心，特别要注意甬道部分，因为他急切地要到墓中寻找一件可以用来确定墓主身份的重要物什——墓志铭。

在历经了一个多月的辛苦发掘后，塔拉终于可以走进古墓去寻找这个契丹人的秘密了。古墓内，考古人员小心翼翼地剥去层层泥沙，一些令人吃惊的随葬品露了出来。

在墓门左侧，一副鎏金银马鞍被清理了出来，马鞍上又一次出现了凤凰，金黄光辉下的图案显得异常精美。在一只出土的银盒上，居然有一条用金子雕刻的团龙。

塔拉不由环顾起四周。这是一间近乎正方形的墓室，长宽都不足4米，顶高也只有3米多，四周的墙壁是用粗糙的大石块堆砌而成，里面的空间异常狭小。但就在这般简陋寒酸的墓穴中却埋藏着极有皇家气派的随葬品,如此的差距真让人怀疑这里到底是不是一个皇族显贵的归宿。

在以往发现的契丹人墓中,就连一般平民的墓室也大都是用规矩的青砖砌成的。而这座墓穴不仅墓室修得特别小,墓道也不规整,完全不符合辽朝墓葬的修建。塔拉认为,身份尊贵的墓主人很可能是在仓促中下葬的。

在墓室的地上,考古人员又发现了一块块画面朝上的残缺壁画。塔拉分析,墓葬修建好以后,白灰还没有干,壁画就画上去了;而还未等到画干,墓主就下葬了。后来的进水把墙基泡软了,壁画的泥土就往外鼓。中间空了,底下松了,壁画块自然就滑落下来,所以会呈画面朝上状。

小小的墓室里越发疑云重重。如果真像塔拉分析的那样,这就又一次证明墓主人是在仓促间下葬的。

到了五月中旬,墓室里已经空空荡荡。除了棺椁,所有的随葬品都被清理了出来。从棺床到耳室,费尽心思的考古队员们依然没有找到墓志铭,墓主人的身份始终得不到确认。

◀ 墓中出土的金花银盏

◀ 左图是墓中出土的高翅金银冠,右图是鎏金银冠

塔拉把希望寄托在了文字专家的身上。但是，契丹文字研究专家刘凤翥对此也是一筹莫展，因为从拿到的照片和摹本来看，几乎没有一个字是完整的。可以说，在这种情况下，一个单词都无法识别出来。

塔拉最终确认，这是一座没有墓志铭的契丹古墓。

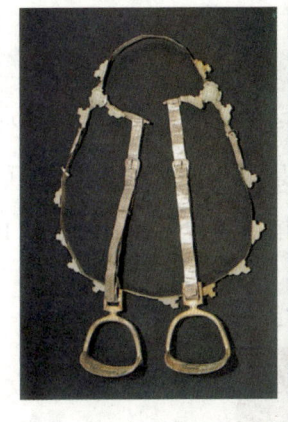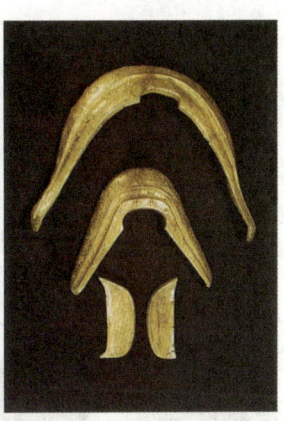

▲ 左图是出土的镶玉银胸带、鎏金铁马镫。右图是鞍桥鎏金錾花银包饰

要想揭开墓主人的身份之谜，考古学家们所面临的困难可想而知。

由于挖掘现场不具备开棺的条件，密封的棺椁将连同所有的文物被一起运往内蒙古文物考古研究所。塔拉把解开墓主人的身份和古墓中种种谜团的希望寄托在了实验室里。

2003年6月初，考古车队日夜兼程，护送着古墓主人和她的随葬品平平安安地抵达1500多千米外的呼和浩特。

三、古棺初探

看着停放在恒温恒湿实验室里的棺椁，塔拉激动之余，心头还有一片挥不去的不祥预感。人们即将开启一个尘封千年的凤棺，一个没有墓志铭的契丹女人正沉睡在里面。

在以往发现的契丹人墓中，只要有点身份的人，大多都会有墓志铭。可这位墓主虽然随葬品非常精美，身份显得异常高贵，却没有留下任何说法，而且甚是寒碜的墓室里还到处遗留着仓促下葬的痕迹。按照常理推算，她的死亡很有可能不正常。

2003年6月12日，是个非常重要的日子，古墓主人即将迎接考古人士的专业审视。

考古人员小心翼翼地开启了巨大的棺盖，凤棺里面还有一个内棺。内棺棺盖上，依然是一只只金色的凤凰。让人惊讶不已的是，在凤凰的中间还有一条金灿灿的团龙。这是第一次龙和凤相遇，墓主人的身份绝对非同一般。

5个小时以后，内棺棺盖也要被打开了。1000多年前死去的神秘女人即将显露出来。

▲ 公主墓中出土的莲花白瓷盖罐

直到深夜，塔拉终于可以看到这个从黑暗中走来的契丹女人了，但是他没有贸然掀动墓主人的面纱。根据以往的考古经验，有身份的契丹人死后在身上会藏有许多随葬品，而这些东西又都将是了解墓主人身份的重要物证。既然眼前的墓主也是一个身份高贵的契丹女人，她的衣服下面会不会也有随葬品？这些随葬品的位置和数量，怎样才能探查清楚呢？

吐尔基山发现的古墓引起了社会各界的关注。塔拉从北京请来了资深的考古专家和专业医生们对墓主人展开了系统全面的考古研究。塔拉还从医院调来了医用X光机，他期待着用X光能来探查死者身下隐藏的秘密。

搜索从死者的头部开始。正如塔拉期待的那样，一些深深浅浅的阴影渐渐出现了，这些阴影有三四厘米宽。塔拉和在场的专家们不能确定它是什么东西，因为这不是人们以往熟悉的契丹人的随葬品。

X光机又移向了死者的胸部。墓主人上身的骨头竟然被完整地保存了下来。从骨质的密度上初步看来，这是一名很健康、很年轻的女性，生前营养也不错。可惜的是，她在正值青春年少时就死了。此时的塔拉还想象不到，如果将墓主人的早亡和墓穴中的那些异样联系到一起时，结果会是怎样的。

搜索继续进行。不久，屏幕上出现了一个轮廓清晰的东西。死者身上果然隐藏着许多随葬品，这些都是典型的契丹人的珠宝和首饰。

突然，在场专家们在死者胸部的一些大块阴影中看到了许多的斑斑点点。随着 X 光机的移动，斑点越来越多，它们像血迹一样泼洒得到处都是。来历不明的斑点，让塔拉的神经又一次绷紧了。这些没有规则的大大小小的斑点显然不是什么成型的物品，更不是首饰之类的东西。

在完成 X 光探查以后，塔拉把破解墓主身份之谜的希望寄托在了这些随葬品上。在墓主人身上众多的随葬品中，有两件东西来路不明。一是死者胸部那许多无规则的斑点。塔拉预感，它们可能和墓主人的死亡有关联；还有就是死者头部那几条奇怪的、深深的阴影。塔拉推测，这可能是显示墓主人身份的一个标志性物品。下一步的剥离，专家们就决定从头部开始。

由于棺椁中的空间太狭小，剥离很难展开，塔拉决定取出内棺，打开棺椁四面的板壁。内外棺之间的缝隙很小，工作人员先小心翼翼地放下绳子，套住内棺。不久，墓主人终于全部暴露在了专家们的面前。

四、金箍、网衣

提取随葬品的工作即将开始，剥离丝绸时必须要使用的防腐剂也已准备就绪。当夜幕降临的时候，这个 1000 多年前的契丹女人终于在人们的期待中露出了她的容颜。

这是一张漆黑的面孔。黑得异样，黑得恐怖。塔拉早就预感到墓主人的死亡有问题，如今这张阴森森的面孔更加深了他的怀疑。难道这个身份不明的契丹女人真的是死于非命？

X 光机中曾经出现的那几条阴影也现出了真形。这是一个用黄金打造的头箍，上面依然装饰着凤凰的图案。很显然，这不是一般身份的人能够拥有的随葬品。塔拉意识到只有先查明墓主人的身份，才能在随后深入的发现中找到她死于非命的确凿证据。塔拉先把注意力集中在了头箍上，他希望从这里能够找到线索。

在人们以往发现的辽朝墓葬中，契丹人戴的不是头箍，而是面具，它是

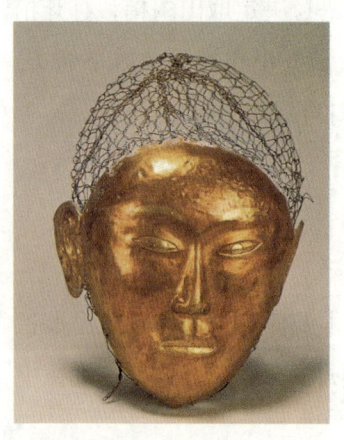

上图为陈国公主墓出土的金面具,下图为带有金丝头网的金面具(左);上图为出土的八曲连弧形金盒,中图为出土的镂花金荷包,下图为錾花金针筒(右)

契丹人权利和地位的象征。不同身份的人，戴的面具也不同。像陈国公主，戴的就是一副黄金面具。

> **萨满教：** 广义的萨满教流行区域集中在亚洲北部和中部，乃至欧洲北部、北美。狭义的萨满教为阿尔泰语系，如：维吾尔、哈萨克、蒙古、锡伯等民族所信仰，主要是万物有灵论、祖先崇拜和自然崇拜。基本特点是没有始祖、没有教义、崇拜多种神灵，没有组织、没有固定的庙宇教堂、没有专门的神职人员，主要活动是跳神。另外还有一个显著的特点就是萨满教者多为女性。

除了面具，有身份的契丹人死后，还要穿上金属编制的网衣下葬。和面具一样，这也是契丹贵族或皇族墓葬中最常见的东西。陈国公主下葬时穿的是银丝网衣。但是对于吐尔基山的契丹女人来说，当初 X 光机下并没有显示出她着有网衣。会不会在衣服里面锈蚀了呢？

墓主人下半身的骨骼和丝织品已经全部变成了粉末状。其实，这一情形让塔拉再次感到诧异，因为和下半身比较，死者的上身却保存得相当完好。塔拉的脑中闪过了那些神秘的斑点。但他知道，应该从已无保留价值的下身开始寻找网衣。

在死者的腿部有几个圆球状的东西。工作人员提取出来除去泥土后，发现原来是几枚镏金的铜铃铛。随后，专家们又看到了一根鞭子。这是根什么特殊的鞭子吗？墓主人为何特意将它带在身边？塔拉一时也琢磨不透。除了这些，再也没有什么发现，死者根本没有穿网衣。

契丹史专家王大方对刚刚提取出的铜铃铛和鞭子产生了浓厚的兴趣，他认为这些东西都和舞乐、驱鬼、祈福有关系。加上墓穴中已经出土的两件银号角，王大方对墓主人的身份提出了一个大胆的推测：这可能是位萨满巫师。

根据中国宋朝史书的记载，契丹人信奉着一种叫萨满的神秘宗教，而且萨满巫师通常是由女性来担当的。如果这个契丹女尸真是萨满巫师，那棺椁上的金凤和金龙又该如

▲ 陈国公主墓出土的胡人驯狮琥珀佩饰

何解释？塔拉对这个推测表示怀疑。中原地区自古以来只有皇室家族才能用龙和凤，而且用几条龙、几只凤都要视他或她的等级而定。契丹人的葬俗和中原葬俗很相似。

塔拉的分析来源于一个重要的证据。20世纪末，一个契丹人的墓中曾出土了一件银墨盒，上面雕刻着一条金龙。考古人员从墓中找到的墓志铭上分析得知，这个墓葬属于一个叫耶律羽之的契丹人。史书上记载，耶律羽之曾辅佐契丹第一位皇帝耶律阿保机建立了契丹王朝，他本人是位身份显赫的契丹宰相，因此他可以享受金龙的待遇。而正是这条金龙，证明了他只是位宰相，因为金龙的脚上只有三只利爪。

同样，在陈国公主的随葬品中，所有的龙也只有三只爪。因为按照礼制，只有皇帝才能享受四只或五只爪的龙。由此可见，契丹王朝同样是一个等级制度森严的社会。在这样的环境中，龙和凤是绝不能随便使用的。

但在吐尔基山古墓中，龙和凤却大量出现。一名神职人员能够享受这样的皇家待遇吗？这条金龙和耶律羽之、陈国公主的龙分明有着异曲同工之处，墓主人会不会是和他们身份差不多的人？

塔拉否定了王大方关于萨满巫师的猜测。墓主人的身份暂时被定在了"契丹贵族"上。

至于死者头上的金箍，塔拉判断，这是辽朝早期还未形成面具习俗之前的一种葬俗。面具可能到中晚期才生成，因为在耶律羽之的墓当中也没有发现面具。这样，墓主人的下葬年代便被确定在了契丹王朝的早期。

五、显赫异常

历经1000多年的岁月，经过多次雨水的浸泡，死者身上的丝绸衣服已经接近腐朽，剥离变得越来越艰难。考古专家们小心翼翼，又在争分夺秒：墓主人的上身里还隐藏着大量的随葬品。

终于，一副硕大的项链出现了，黄金和宝石在灯光下闪耀着粼粼金光。

不久，专家们提取到了黄金手镯。随后，在死者手指的部位，又相继找到了5枚黄金戒指，戒指上还镶嵌着绿松石之类的宝石。所有的随葬品都贵重、华美得令人惊叹，这再一次表明了墓主人的身份非同一般。面对这些首饰，塔拉异常兴奋，这些都将是可以被用来尽快确定墓主真实身份的物证。

随着不断深入的发现，王大方对死者的身份又提出了一个更大胆的推测。史书中记载辽太祖耶律阿保机有一位公主，而且是唯一的一位公主，她嫁给了皇后的弟弟，却英年早逝。

如果王大方的这一推测能够被证明的话，吐尔基山墓葬的出土将是契丹考古史上一个重大的发现。

皇帝的公主，当然身份显贵。塔拉立刻找来了曾在耶律羽之墓中出土的首饰，他要和吐尔基山墓主人的首饰进行细致的比对，找到她皇族身份的确凿证据。塔拉发现，耶律羽之墓的首饰与吐尔基山墓里出土的首饰相似的比较多，但是后者等级更高，质量更好。就仅拿她的戒指来说，个头都比耶律羽之的大。还有她的手镯，也做得特别精致，耳环也比耶律羽之的大，上面镶的宝石都比耶律羽之的多。

塔拉认为，墓主人的身份很可能比耶律羽之还要高。当年，耶律羽之曾是阿保机的重要幕僚，在一个等级制度森严的王朝里，除了皇帝，还有谁的随葬品能比一个宰相的更精美、更华贵呢？

实验室中的剥离还在继续，大家又一次惊讶了。这是一件精美的丝绸绣衣，金丝线绣的团龙依然闪着光彩。这个契丹女人的身份果然异常高贵。而王大方的推测看来也不是没有道理的。

华丽绣衣的下面依然是一根根漆黑的骨头，和面孔的颜色一模一样。塔拉当即冒出这样的想法：这个女人是被毒死的，而且是中剧毒身亡。但是，史书中并没有记载阿保机的公主是中毒死亡的。这是怎么回事呢？

塔拉请来了研究契丹历史的专家邵清隆先生，因为还有一些迹象表明，吐尔基山墓主人的特征与阿保机公主不吻合。

在内蒙古巴林左旗哈达英格乡，有一座口袋形的山谷，当地人称它是祖陵山。如今，考古学家们已经探明，耶律阿保机就葬在这座山中。祖陵山与吐尔基山相隔数百千米，如果是阿保机的公主，她为什么没有和她的家族成员葬在一起呢？

呼和浩特博物馆馆长邵清隆认为，辽朝皇家女儿是嫁给萧家的某个人了。在辽朝的墓葬中，大概有这样一个规律：从兴安岭一端一直往东北延伸，埋葬的是辽朝皇族家族。另外，从赤峰南边的山一直到辽宁这边，埋葬的是辽朝后族。萧氏后族的墓葬区就处于两山间的辽河平原，而吐尔基山也就在这个地区。

不过塔拉认为还是有疑点。史书上提到阿保机的公主是出嫁了的，那么，

▲ 陈国公主和驸马葬墓发掘现场

按照契丹人的习俗，她不仅应该和她的夫婿家族埋葬在一起，还应和她的夫婿葬在同一个墓室中。在陈国公主的墓中就曾出土了两副金面具和两套银丝网衣，而公主和驸马就是合葬在一个墓室里的。如果吐尔基山的墓主人是阿保机的公主，她就不应该一个人孤零零地躺在那里。

看来，目前的证据还不足以证明墓主人就是阿保机的公主。和塔拉一样，邵清隆对王大方的推测也保持着谨慎的态度。

六、水银，是元凶吗

实验室中，剥离的工作已接近尾声。正当工作人员准备取出死者贴身的一件衣服时，一些闪着银光的液体从里面流了出来。塔拉拿着手电筒，顺着领口往里一照，看见了一层水银。

实验室里的空气骤然凝固了，这些水银和那些神秘的斑点会不会有什么关系？塔拉拿出先前的照片比对了一下，顿时恍然大悟：那些斑点就是水银。

神秘斑点的由来终于有了答案。死者的上身之所以保存得那么完好，尸骨的颜色之所以那么漆黑，现在看来似乎也有了合理的解释。但是，水银的出现，却为墓主人的死因增添了一层杀机。

之后的发现更是出乎在场每位专家的意外：水银竟有如此之多。塔拉不得不将它们分装在3个试管中。水银是一种慢性挥发的物质，1000多年里肯定还挥发掉了许多。这么多的水银，当初是用来做什么的呢？

如果能够证明墓主人是被水银毒死的，塔拉就可以放弃阿保机公主的假说，去寻找新的线索来调查墓主人的身份。因为据史书记载，阿保机的公主不是被毒死的。

就在这个时候，有人为水银之谜给塔拉提供了一种可能：当地人有一种风俗，人死之前要到处找水银，以便死后从嘴里灌进去。的确，水银是可以用来防腐的，中国历史上有过这样的记载，塔拉也曾在契丹人的墓葬中发现过水银。那是在发掘乌兰茶木盟契丹女尸的时候，专家们发现尸体保存得特别好，不过当时大量的水银不是在死者的腹腔内，而是在她身下的土壤里。

吐尔基山古墓中的水银是在人体内发现的，墓葬中到处是仓促下葬的迹象，塔拉认为，目前还不能轻易排除墓主人被毒死的可能性。

为了了解人吞服水银会有怎样的生理变化，塔拉用一个体重接近400克的小白鼠做了一个动物实验。实验人员按每100克体重1毫升水银的比例，将4毫升的水银全部灌进了小白鼠的胃里。沉重的水银几乎把白鼠的胃坠破，没多久，小白鼠就死掉了。如果人吞服了大量的水银，胃被坠破后势必导致死亡，水银则流向人的腹腔。当初也正是在死者的胸部和腹腔发现了那些神秘的斑点。

专家们冒着危险，继续工作。水银在蒸汽状态下毒性更加剧烈，可以迅速置人死命。好在常温下的水银，蒸发量很小，不至于致人身亡。其实，塔拉认为，即使吐尔基山的墓主人是被水银毒害而死，也不足为奇。因为这样一个身份高贵的女人，即便不是阿保机的公主，也会是宫廷里的皇族显贵。在她生活的那个年代和那种环境里，阴谋和杀戮无所不在，萧太后的姐姐不就因为得罪了契丹太后萧燕燕而被一杯毒酒断送了性命吗？

不过，吐尔基山的墓主人究竟有什么不能饶恕的罪孽？杀她的人到底有哪些不可告人的阴谋？时光远逝，其中的缘由恐怕已无从查找。塔拉再次回忆起挖掘墓穴时看到的各种异常迹象：不规整的墓道、狭小的空间、寒酸的陋室，特别是那些画面朝上的壁画，充分暴露出当年的仓促下葬。X 光机下曾显示这是一个年轻的契丹女人。死亡对于她来说，是不是到来得太早了？

如今，水银的出现将塔拉所有的疑惑联系在一起：被害死亡和仓促下葬之间有了关联，没有墓志铭也变得顺理成章——一个皇室女人被害身亡，当然秘不可宣。但这些仅仅是墓主人非正常死亡的迹象，塔拉需要的是确凿证据。

2003 年 11 月 27 日，吐尔基山墓主人身上不同部位的样本被送进中国疾病预防控制中心职业卫生与中毒控制所的实验室。实验人员将根据塔拉的要求，分别测定死者的指骨、椎骨、肋骨和一段头发中水银的含量，以便最终确定它到底是致人死命的还是用来防腐的。这样，塔拉就可以决定，是继续沿着阿保机公主的假设推进墓主人身份的求证，还是另辟蹊径。

当样本溶液被注入检测仪器后，数据随之而出。3 份骨头样本中水银的含量大大超出了正常范围，墓主人头发中水银的含量最高，是骨头样本的 3 倍。

专家认为，这样高含量的水银足以致人死命。但针对吐尔基山的墓主人却不能草率认定水银就是杀人真凶。有一种情况不能不考虑：死者和水银是长期处在一个密闭的环境里，1000 多年来，水银会不断蒸发。死者骨头和头发中的水银很可能是在这期间一点点渗透进去的。而且，从头发的水银含量高出骨头样本的 3 倍这个事实来看，正是因为头发的表面积大，吸收的水银才会更多。另外，从中毒学的角度来分析，当人被灌进大量的水银后，很快就会死亡，血液根本来不及将水银带到头发中。如果当时立刻检测，死者的头发里是很难化验出水银的。

中毒实验无法确认水银是死者生前吞服的，还是死后被灌进去的。那么，水银防腐的可能性是不是依然存在呢？

在内蒙古自治区的巴林左旗，距离祖陵山不远的地方，有一座契丹人留下的石头房子。传说，当年契丹王朝的第一位皇帝耶律阿保机死后，他的尸体曾在这里停放了整整5年。因为契丹人是在人死后才开始为他建造墓穴的。在王朝早期，契丹人还没有形成用面具和网衣来保护尸体的习俗，那时也许真的会用水银来防止尸体腐烂。

但是，由于目前不能打开阿保机的陵墓，即便有更多关于水银的说法，也只能是推测。

七、阿保机公主

既然没有强有力的证据来排除水银是防腐的可能性，那么墓主人的死亡就有可能是正常的。所以，吐尔基山墓主人是阿保机公主的可能性也不能排除。

由于辽史中记载的阿保机公主是因病死亡的，塔拉立刻和人类学专家取得了联系，并用保温箱带着墓主人的重要骨骼和头骨亲自驾车到吉林大学边疆考古研究中心，把它们交到了中心主任朱弘教授的手中。

塔拉要对死者的骨骼进行体质人类学鉴定。如果能够找到死者生前患病的证据，墓主人的身份就和阿保机公主有了相当接近的地方。

朱弘教授的调查从死者的椎骨开始。在显微镜下，一些当初未被发现的细节被放大了。朱弘发现，尸体椎骨椎体的上下两个圆的边缘已经完全形成，很锐利，并且出现了骨刺。这说明，墓主人生前患有严重的腰椎疾病。

这一结论恰恰和阿保机公主因病而亡的记载吻合。不过当初X光机显示死者还不到20岁，这样的年龄怎么可能患有严重的腰椎疾病呢？朱弘继续仔细观察。他发现，从死者两侧的耻骨联合面的形态变化来看，其边缘已经完全形成，而且中央已经开始往下凹陷。那样的特征清楚地表明，死者的年龄应该是30～35岁。

　　35岁左右的推断似乎更接近因病而亡的阿保机公主。在古老的年代，一个年近40岁身患疾病女人的死亡也就不那么离奇了。塔拉感觉，离最终的结果似乎越来越近了。

　　这时，考古学家们又掌握了关于阿保机公主身世的一些细节。吐尔基山墓中曾出土了一对纯金杯子。在显微镜下，这只金杯上的图案紧紧地吸引了塔拉：一组求子图，这表达了墓主人对生育的期盼。也许吐尔基山的墓主人和阿保机公主一样都是无子而终，所以才格外钟爱这样的图案。

　　辽史中还有这样一段记载：耶律阿保机的皇后述律后是西域人，嫁到契丹本部之后，她带来了大量的西域文化。一个有着西域血统的公主的随葬品，应该也有某些特殊的风情。吐尔基山墓中出土的一只玻璃杯就让塔拉过目难忘，那不是契丹人的，也不是中原汉人的，而是明显来自西域。

　　在陈国公主的墓中也曾发现玻璃制品，但品质无法和那只杯子相比。假如墓主人是阿保机公主，她似乎就有理由拥有这样品质上乘的玻璃杯。

　　但这时的塔拉异常清醒，尽管许多迹象都在接近墓主人是阿保机公主的假设，可这毕竟是一个没有墓志铭的人，其身份的确定需要慎之再慎。

八、她究竟是谁

　　塔拉已经在筹备用新的方法展开调查。他准备在发现古墓的通辽吐尔基山一带做一次航空遥感测试。如果能够发现墓葬群，也许就可以从中找到有墓志铭的古墓，从而就能知道这里是当年契丹哪个家族的墓地。然后，再根据吐尔基山死者的DNA来确定这个女人是否属于这个家族。

　　人们已经探明了耶律阿保机和皇后陵寝的准确位置。如果能够采集到契丹女尸的DNA数据，将来就可以和阿保机的DNA做比对，那时，这具无名女尸到底是不是阿保机公主也就显而易见了。

　　但是，吉林大学传来了坏消息。两次DNA提取都没有取得理想的数据。

主要原因可能有两个，一是年代太久远，DNA 序列残破得很厉害，提取不到有效数据；二是骨头中金属含量过高，严重干扰了数据的显示。

从发现古墓到此时，已经过去了 9 个多月。尽管有各领域的专家介入吐尔基山古墓的考古研究，尽管考古人员也借助了多种实验手段，但墓主人的身份和死因依然扑朔迷离。

塔拉再次请求朱弘教授，复原这个墓主人的相貌。

方良是位体质人类学博士，他负责从头骨上采集数据。这些数据一方面将为人像复原提供参数，另一方面可以用来协助朱弘教授推算死者的身高。最终，死者的身高确定为 159.2 厘米。

人像复原工作还在进行。墓主人的眼睛已经有了雏形：契丹人属于蒙古利亚人种，工作人员根据种族特征，一边依靠着数据库提供的各种参数，一边参考着许多已经发现的契丹壁画。

不久，吐尔基山的墓主人终于现出了本来面目。

当这个契丹女人的容颜真切地呈现在人们眼前时，她的身份却依然云遮雾盖，她的死因也没能最终澄清。人们的心中不免有些遗憾，但这就是考古研究的无奈，也是考古人员不得不面对的一份尴尬。

塔拉决定等待，等待不久将至的遥感测试和再次的 DNA 提取。那时，凤棺中这个契丹女人的所有秘密将会水落石出。

一座沉睡千年的古墓，两具没有棺椁的古尸。

墓主为何会离奇的一起死亡？

三面壁画能否解开暗藏的玄机？

没有棺椁的古墓究竟隐藏着什么秘密？

无棺古墓

一、带有防盗设计的古墓

陕西省韩城市，地处黄河之滨，是"史圣"司马迁的故乡，城区分为新城和老城两部分。盘乐村位于新城区的东南部，东距黄河1千米。

2008年11月，为了配合韩城矿务局工程建设，陕西省考古研究院在盘乐村进行了考古发掘。令人震惊的是，这里居然发现了500多座墓葬，其中从汉朝至清朝的古墓葬就达47座，但是绝大多数墓葬已经严重被盗！

2009年3月3日一大早，考古人员像往常一样开始清理这片墓葬。这一天，他们要对编号为M218的墓葬进行清理。

由于之前几个月在M218的东边和西边已经发掘过两座墓葬，它们的形制非常小，距离地表只有4米多深，是没有什么考古价值的近代墓。而通过勘探得知，M218与之前清理的两座墓情况类似，也是个小墓，所以考古人员对M218并没有抱太大的希望。

然而，挖掘到中午的时候，却突然有了惊人的发现。

从现场清理出的方砖显示，这极有可能是清朝以前的一座古墓葬，也许会有一定的考古价值。但是随着发掘工作的进行，考古人员发现，这些砖是在设计建造这座墓葬时，有意平铺在墓顶之上的。这是一种防盗设计，一旦有盗墓者掘洞探入，发现平铺的方砖，会以为是打到了墓底，从而认为是座空墓穴而作罢。

中国古代在墓葬设计上为了起到防盗作用，有很多种设计。

工程浩大的有积石积沙墓，是用细沙代替土来填埋墓室，再在沙中掺杂大量巨石。由于细沙具有很好的流动性，容易塌方，加上巨石的重力，因此，当盗墓者试图挖掘盗洞时，沙子边挖边淌，盗洞难以成形，就算是挖成了，也很容易造成塌方，让盗墓者成为殉葬者。

还有用假棺来迷惑盗墓者的。这种设计是在主棺的正上方或侧方，修建一个或多个假棺材，底下还有一层铺底石，有时为了逼真，还会放置一些随葬品，这样让盗墓者产生错觉，以为是真正的主棺，而不再往下深挖，从而使真正的主棺得到保护。

造墓人之所以如此精心地设计这些防盗措施，一来是防止古墓中随葬的珍贵宝物不被盗走，二来是希望墓主人不受到侵扰，能够在地下长久安息。

M218 这座古墓既然做了防盗设计，里面会不会有什么珍贵的宝物呢？

然而墓门打开后，眼前的情景却令考古人员大吃一惊！

在狭小的墓室中，只有一张床榻，上面并排躺着两具尸骨，却没有棺木，也没有看到随葬品。然而，令考古人员惊叹的是，在墓室周围的三面墙壁上，却绘满了精美的壁画，而且色彩绚丽如新。如此干净完好的壁画，在中国以往发现的墓葬中，绝无仅有。这是一个奇怪而特殊的墓葬，考古人员隐隐感觉到它非同一般。

通过进一步研究得知，这个墓葬呈南北向，墓葬形制为竖穴式券顶砖室墓。墓室长 2.45 米，宽 1.8 米，高 2.25 米，墓底距地表 7.4 米。它的南端带有一条竖穴墓道，长 1.65 米，宽 0.65 米。

这座墓具有防盗功能，修建时不但有意在墓顶之上平铺了一层方砖，而且与其他墓穴相比较,这座墓的墓穴口做得很小,仅能容一人进出。正是因为这样的防盗设计,才使得整个墓室没有遭受人为盗掘,也没有淤土的浸扰,墓室内精美的壁画以及床榻等遗物才得以完好地保存至今。

墓室设计如此之小,墓主人没有使用棺木,也没有随葬品,这似乎说明墓主并非显赫之人。然而让人感到奇怪的是,既然没有随葬品,又为什么还要为这么小的墓室特意做防盗设计呢?而且墓室的三面墙上又绘制了如此精美的壁画,这又是为什么呢?种种迹象似乎说明墓主人绝非等闲之辈,墓中可能隐藏着什么惊人的秘密!

二、墓主人并非汉人

随着研究的进一步深入,考古人员发现,放置尸体的床榻底部是用砖砌成的榻座,上面用木榻做成围栏,置于墓室西北部。由于墓室只有 4 平方米大小,所以床榻几乎占满了整个墓室。底部砖砌的榻座,垒砌密实,南端的部分砖面上,雕有牡丹花卉。木榻围栏置于砖砌榻座之上,造型挺秀、装饰简洁,没有大面积的雕镂装饰,只在局部用牡丹装饰。整个床榻保存基本完好。

上面两具尸骨盖着粗纤维的毯子,身上的衣物和骨骼已经腐朽灰化,但是仍然能够分辨出葬式为仰身直肢,头部向北。仔细观察,两具尸骨的头发呈棕红色,这会不会是由于时间和埋葬环境,使头发中的黑色素减退掉而形成的呢?

通过研究,考古人员发现,这两具尸骨是一男一女,男性居东,女性居西,专家推测这应该是一座夫妻合葬墓。那么这对夫妻究竟是什么人呢?他们又是哪个年代的?有着怎样的身份?

如果能够找到墓志,上面就应该有墓主年代和身份的记录,就能够找到答案!然而考古人员经过仔细寻找,却没有发现墓志的踪影。

这座墓葬既然做了特殊的防盗设计,而且从墓室里的情况来看,并没有发现被盗过的痕迹，却为什么没有墓志呢？更让人奇怪的是，墓主也没有使用棺木和随葬品，这实在是一件非常蹊跷的事。

墓室的出土地陕西省韩城市位于黄河之滨，在秦汉唐三朝都是京畿要地，可谓汉文化的核心区。中原地区汉人下葬都会使用棺作为葬具。而且，按照周朝关于丧葬礼仪的规定，不同等级的人使用的棺椁也有所不同，有天子"二椁五棺"，诸侯"两椁三棺"，大夫"一椁两棺"的严格等级规定。即使墓主没有什么身份地位，使用不了多重棺椁，至少也应该按照汉人的葬俗，哪怕使用最次的棺木下葬。而且按照古代汉人葬仪，不论身份贵贱，家资贫富，多少都会在棺椁中放入一些随葬品。

然而这座墓室的主人却既没有使用棺木，也没有随葬品，这与古代中原汉人的葬俗完全不同。

死亡乃人生最大的变故，从古至今丧葬自来都受到格外的重视。即便墓主人生前再贫穷，也应该会使用棺来作为葬具。可是为什么墓主人却没有这样做呢？

就在大家疑惑不解的时候，有考古专家做出了一个大胆的推测：墓主人根本不是汉人！

三、墓主人生前疑是中亚祆教徒

考古专家说，墓葬中光是用榻这一点就说明墓主人生前和祆教有关，因为汉人是不会用榻的，而一定会用棺材，以及葬衣葬具这些最保守、最传统的东西。用榻的这种葬具，是祆教的一个传统，而葬具没有任何殉葬品，也是中亚和西亚埋葬的习俗。

根据没有棺木和随葬品这两个特点，以及墓葬的形制和葬法，有专家推测这是一座祆教徒的墓葬。

那么，祆教究竟是什么样的宗教？又有着怎样的葬俗呢？

祆教源于古代伊朗，波斯名为"琐罗亚斯德教"，是古代波斯帝国的国

> **粟特人**：生活在中亚阿姆河与锡尔河一带操中古东伊朗语的古老民族，从我国的东汉时期直至宋朝，往来于丝绸之路上，以长于经商闻名于欧亚大陆。

教，主要流行于波斯、中亚等地，曾是中东最有影响的宗教。由于祆教崇敬光明，认为"火"是最高神的象征，对火极为崇拜，所以祆教又叫作"火祆教""拜火教"。

南北朝时期，信仰祆教的中亚粟特人通过丝绸之路，频繁往来于中亚与中国之间，经商贸易。祆教便随着粟特人传入中国，其教徒主要聚居在陕西、河南、山西等地。

既然陕西省曾经是中亚祆教徒的聚集区，那 M218 墓葬会不会像老专家推测的那样，是座中亚祆教徒的墓葬呢？祆教又有什么样的葬俗特点呢？

信奉祆教的粟特人，有着一套十分奇特的葬俗：死者的遗体先让狗吃过，只剩下骨头后，再用火焚烧，然后装进长约 50 厘米的名为"纳骨器"的陶罐中，再埋葬起来。

21 世纪初，在西安市出土了两座北周年间的粟特人古墓——安伽墓和康业墓，然而，这两座祆教徒的墓葬却没有使用纳骨器埋葬，但是他们也与中原汉人的墓葬又完全不同。

安伽墓和康业墓的墓主没有使用棺，而是用围屏石榻作为葬具，也没有

◀ 西安北周安伽墓出土的围屏石榻

什么随葬品。他们放弃了原有的袄教葬俗，而采用这样的墓葬方式，很有可能是因为长期居住中原，受到了汉人葬俗的影响。

同样的，M218这个小墓室的墓主没有使用棺，而是用榻作为葬具，他们会不会也是中亚来的袄教徒呢？

此外，考古专家们还在安伽墓的墓室内发现了刻绘着圣火袄神图等具有袄教特征的图像。

那么，M218墓葬会不会也有袄教的图腾和内容呢？从壁画中能不能找到什么线索呢？

▲ 安伽墓中的石门

考古人员发现，整个墓室的砖都经过了打磨对缝，极其平整。砖面还做过特殊的处理，除了打磨得十分平滑外，应该还涂抹了树胶，以控制砖表面的吸水性，致使壁画能够直接而自如地绘制于砖上。

从这个墓葬的建造来看，墓主人生前没有太高的政治地位，但是应该具有一定的经济地位，在当地略有威望。因为这个墓葬有了防盗措施，此外墓葬里的砖，以及墓葬的修建、壁画的绘制等，都是非常考究的。

墓主既然有一定的地位和经济基础，又为什么要把墓室修建得这么小，并且不使用棺和随葬品呢？墓主生前究竟是什么人？他真的是来自中亚的袄教徒吗？

四、壁画内容与中医药有关

专家希望能从壁画中找到答案。

经过仔细观察,考古人员发现,北面壁画以墓室墙壁和券顶为界,分为上下两层。上层呈半圆形,中央下部为太湖石,石上为牡丹花,象征着石生富贵之意。太湖石两侧各绘有一只仙鹤,寓意长寿吉祥。在仙鹤和牡丹花中间,蝴蝶穿梭飞舞。

下层正中有一个黑框白色屏风,其上以草书题诗。屏风前,一位五六十岁的男人端坐在木椅上,身材略胖,慈眉善目,留有胡须。他头戴冠帽,身穿黑色圆领长袍,双手被袖口遮掩横置于腹部,双脚放置在一个木质的红色脚垫上。考古人员推测这应该是男性墓主的画像。

专家还推测,当年在绘制这些壁画的时候,应该是先画了屏风,然后才在屏风上写上草书,之后再画上墓主画像,所以屏风上大部分文字都被墓主的身体遮挡住了,只留下了一小部分没有被遮挡的文字。

这些文字中到底记录了一些什么内容呢?

经过电脑分析,专家们还原了屏风上的字迹。那是两首诗,从右至左竖排书写,第一首为五言诗:"古寺青松老,高僧白发长。"专家们推断,这很可能是墓主人自己所写。第二首为七言诗,出自吕洞宾写的一首七律的前四句:"琴剑酒棋龙鹤虎,逍遥落托永无愁。闲骑白鹿游三岛,闷驾青牛看十洲。"

从这两首诗的情趣来看,墓主人向往着一种闲云野鹤般的生活。

▲ 安伽墓出土的屏风(a)

然而，令考古人员感到遗憾的是，屏风上的草书文字中并没有墓主身份的记录，他们只好再从壁画中的其他人物身上去寻找线索。

考古人员发现，北面壁画上除了墓主人之外，还有9个人，身材明显小于墓主，分列于墓主的左右两边。

最左边前排是一位年轻男性，盘腿坐在地上，双手执杵，向臼中捣药。

左边第二人，同样是位年轻男性，双手握一小箩，小箩下有一个稍大点的盛药盘，像是正在把捣碎的草药过筛。

左前排第三位是位年轻女性，双手捧着一个带底座的浅色瓷碗，碗中应当是已经煎好的汤药。

左后排紧靠长方形桌案，有一位年轻男性，双手执深色大盘，身体略向前倾，像是正等待从对面屏风后走出来的人。桌案上放着笔架、药葫芦和2本厚厚的书籍，估计是药书。

左后排第二个人正从屏风后走出，是位年轻男性，身体的一小半被屏风遮住，使画面显得很有层次感。这个人双手执一个浅色瓷盘，右小臂悬挂浅色长巾，看姿势应该是向桌案旁执深色大盘的男性走来。

由此看来，左侧壁画内容反映的是制作中药的过程。那么墓主右侧壁画又能提供一些什么信息呢？

仔细观察后发现，这一侧壁画上有一张正方形桌案，后面有2位男性，一人双手分别捧一袋大黄和白术。另一人手捧《太平圣惠方》药书，正展示给举药包的人看。二人紧靠的桌案上，放满了药葫芦和药罐子。

右数第三人也是个年轻男性，双手捧着一个深色的放有"朱砂丸"的药匣。

右边第四人为年轻女性，正从屏风后走出，身体的一半被屏风遮住。她手执团扇，看样子像是女仆。

通过两侧的壁画内容专家们发现，这些内容都与中医药有关，左侧壁画表现的是制药过程，右侧壁画表现的是成药。而且，在壁画中明确画着一部宋朝最著名的官修方书——《太平圣惠方》。

专家说,《太平圣惠方》是宋太宗是以政府的名义下令编纂的一部方书,也是我国历史上第一部方书。它虽然是方书,但其内容涉及医理、脉学诊断、病因分析、治疗方法等,所以它是一部理论性、实用性都很强的巨著。

《太平圣惠方》成书于北宋太宗淳化三年,即992年。墓室中既然出现了这部书,说明墓葬的时期比这部书要晚,再加上这部书是宋朝最著名最具有代表性的官修方书,所以考古人员初步推测墓主人

▲ 安伽墓出土的屏风(b)

应该是宋人。

五、古代中国的新型药剂

除了《太平圣惠方》外,壁画上还画有几味中药——大黄、白术和朱砂丸。大黄有清热泻火,凉血解毒的作用。白术具有健脾益气、止汗、安胎的功效。朱砂则有镇定、安神的作用。

为什么壁画中要特意画出这几味中药呢?会不会是因为墓主年老、体弱多病呢?也许他大半辈子都离不开中药的调理治疗,所以在他死后,墓室中也要画上有关中药的内容?

专家们决定从墓主的尸体上去寻找线索。

考古人员仔细观察,发现两具尸骨的胯部附近都有一些白色结晶体,这

是什么原因造成的呢？

专家们猜测，是不是墓主人生前服用过丹药，而丹药中的一些物质不能被吸收，最后沉积在骨骼上，形成了这些结晶呢？

自古以来，秦始皇、汉武帝、雍正等很多历史名人都沉迷于丹药之道，以求长生不老。壁画中的朱砂就是古代炼丹的主要原料之一。既然壁画中有朱砂丸，很有可能是墓主夫妇为了强身健体，追求长生不老而服用过丹药。

不过，专家们还有一些疑虑。如果只是墓主人生前服用过丹药，是没有必要把整个制药流程都绘制出来的，而且从壁画内容来看，制药流程表现得很专业，各个细节都有体现。

墓主为什么要把整个制药流程和一些成药画在墓室内呢？这幅壁画到底说明了什么呢？

专家认为，这幅壁画体现的是一种新的制医技术，是来自《太平圣惠方》中中国古代传统的方子，尤其是内方的大成，墓主经过一个系列加工后，形成了一种新的制剂。

为什么说这是一种新的制剂呢？专家解释说："北宋以前没有朱砂丸。传统中药里有蜜丸和水丸，而朱砂丸则是典型的舶来品，它原本产生于古代阿拉伯制药技术，古代被称作金箔、银箔包衣技术，包衣的目的是为了防腐。这项技术在北宋年间传入中国后，考虑到金箔、银箔非常贵重，中国人就巧妙地借鉴了这个理念，用金箔、银箔包衣防腐的原理，改用朱砂来做包衣。朱砂本身也具有防腐的作用，用朱砂来保存药物，是一种新的技术，是药丸包衣技术的发展。"

这幅壁画的内容恰好反映了这一过程，如此一来，中国古代一种新的剂型就产生了。

通过专家的解析，我们似乎可以得出这样的结论，墓主生前的身份应该与医药有关，否则，他是不会在墓葬壁上描绘如此细致与医药相关的内容的。

这个猜测得到了考古专家的证实。专家推断，墓主生前极有可能是位中

▲ 安伽墓出土的屏风（c）

医学家或制药专家。

专家称，一般说来，墓葬壁画反映的是墓主人生前最喜欢的事情，比如他的职业，或者对他生平的体现。从这座墓葬的壁画反映出一套完整的制药过程来看，基本可以断定，这座墓葬的主人生前是一位中医学家或制药专家，并且他懂得融合中国的传统制药和来自西方的包衣技术，所以他应该还是一位专家。

可是，墓主人究竟是汉人引进了国外的技术，还是他根本就是西方人，来到中国以后喜欢上了中医药，因而将包衣与传统中药进行融合，从而产生了这项新的技术呢？

根据北面壁画，考古人员推测出墓主应该是宋人，而且生前身份与中医药有关。可是仅从壁画中，却难以断定墓主究竟是汉人还是中亚来的袄教徒。

一时间，小小的墓室中充满了种种疑问：从墓主画像的脸型上来看，并不像中亚人那样高眉深目，而更像是汉人。但是如果墓主是汉人，他为什么又不像其他汉人那样使用棺和随葬品呢？此外，墓主夫妇的头发呈棕红色，这究竟是由于黑色素减退造成的，还是墓主人原本的头发颜色呢？如果是他的原来发色，那么墓主很有可能不是汉人，而是从中亚来的袄教徒。可如果他是袄教徒，又为什么不把袄教的图腾画在墓室中呢？

正当考古人员疑惑不解的时候，墓葬里又有了惊人的发现。

六、墓主生前喜好杂剧

现在，让我们来对之前的考古发掘过程做一个回顾。

2009年3月3日，考古人员对陕西省韩城市盘乐村编号为M218的墓葬进行发掘清理。当墓门被打开后，眼前的情景令所有人大吃一惊！在仅有4平方米的狭小墓室中，只有一张床榻，上面并排躺着两具尸骨，却没有棺木，也没有看到随葬品。然而在墓室周围的三面墙壁上，却绘满了精美的壁画，而且色彩绚丽如新。

这是一座奇怪而特殊的墓葬，它的主人会是什么人呢？

考古人员经过仔细寻找，却没有发现记录墓主身份的墓志。这座墓葬做了特殊的防盗设计，而且也没有发现被盗过的痕迹，那么墓室中为什么会没有墓志和随葬品呢？

就在大家疑惑不解的时候，有专家根据墓主不用棺和随葬品这种奇特的墓葬方式，做出了一个大胆的推测：墓主不是汉人，而是从中亚来的祆教徒！

墓主的身份变得愈加扑朔迷离！从哪里才能找到答案呢？

考古人员根据墓室北侧壁画所描绘的中医药内容以及《太平圣惠方》一书，得知墓主人生前很可能是宋朝中医或是名制药师，那么，西侧壁画中会不会提供更多的线索呢？

考古人员开始仔细观察西侧壁画。西侧壁画人物众多，总共有17人，表现的是宋朝杂剧演出的场景。中间5人为演员，剩下的是由12人组成的乐队。

中央的5名演员，动作各异，表演生动，有的手持红牌，有的盘腿坐在木椅上，有的双手抱拳，有的腰别团扇，还有一人手中执笏板。

根据他们的道具和动作，专家推测这5名演员很可能就是宋朝杂剧中的引戏、副净、副末、末泥、装孤这5个角色。

乐队由12人组成，十男两女，男性头戴直角幞头，身穿官服，有的在击打大鼓,有的身背腰鼓,有的手拿拍板,还有几个拿着筚篥。女性则头戴白色团冠,手持竹笙。

仔细观察可以看出,这些人物不仅身穿宋朝服装,而且幞头上几乎都插有花草。这是典型的宋朝服饰特点。

专家解释说:"在宋朝,上至皇帝下至百姓,都有簪花的习惯,这是北宋时期服饰的一大特点。"

由于西侧壁画中的人物都穿戴宋朝服饰,再加上北侧壁画上的《太平圣惠方》也是成书于北宋年间,这些情况更加印证了墓主是宋人的推断。

可是,为什么要把宋朝杂剧内容描绘在墓主人的墓葬之中呢?

专家推测说:"从壁画的内容和位置来看,说明这个墓主人生前非常喜好宋朝杂剧,甚至可能有着很深的造诣,因为一般壁画内容都会反映墓主人的心境、生前喜好等。从这个壁画还可以反映出,宋朝的杂剧是非常发达和普及的,用今天的话来说就是非常流行。在韩城这样一个远离都城的偏远地方,都可以看到宋朝杂剧的影子,很明确地反映了宋朝杂剧的兴旺程度。"

如果说西侧壁画的杂剧场面反映了墓主的喜好,人物的服饰、乐器和场景内容都体现出典型宋朝汉人的文化特征,这似乎说明墓主应该是个汉人。然而墓室东侧壁画上所描绘的内容,却让专家对墓主是汉人的推测产生了怀疑。

▲ 安伽墓出土的屏风(d)

在墓室东侧的壁画上,专家

们看到的是表现佛祖涅槃的内容，同样人物众多、生动传神。

位于壁画中心区域的佛祖身披袈裟，侧卧于榻上，表情十分安详。在他周围是十大弟子，以各种悲哀姿势站立床边，有的蒙面拭泪，有的捶胸大叫，有的号啕大哭。壁画中左侧第二人，似乎因为极度悲伤而昏倒在地，站在他对面的人，右手端碗，左手执瓶，正在向他的脸上喷水，想把他叫醒。站在他身后的人，想把他搀扶起来。另一人两臂向前伸开，也是极度悲伤。在他们上方，身披袈裟的弟子腾云升天，表情十分痛苦。

壁画中还有两个留短须的人站立在佛祖脚边，其中一人挽起右手抚摸佛祖的左足，另一人持手炉面向佛祖。

壁画最右侧有三人，赤裸上身，裤腿卷起，光着脚。左边一人挥舞拍板，右边一人吹横笛，中间一人手舞足蹈。专家推测这是诸神以音乐舞蹈的形式向佛祖举哀。

在佛床上空诸人头顶，还画有17颗星辰自天空落下，这体现了自然界对佛祖涅槃的一种反应。

佛床边画有两头狮子。右边一头四爪着地，左边一头后爪立起，前爪搭在佛床上，向佛祖举哀。

墓室中为什么会画有佛祖涅槃像呢？

专家推测墓主生前应该信佛，壁画表达了墓主的一种信仰和追求。但是，仅凭这一点仍然无法确定，墓主生前到底是汉人还是中亚来的祆教徒。

七、验尸解疑

现在，墓室中的疑问与矛盾更多了。

首先，墓主夫妇的头发呈棕红色，如果不是因为黑色素减退，而是墓主头发本身的颜色，那么墓主很有可能是中亚来的祆教徒。但如果他是祆教徒，为什么不把祆教的图腾画在墓室中，却要画佛祖涅槃呢？

其次，北侧反映中医药场景的壁画和西侧反映宋朝杂剧场景的壁画，不论从服饰和内容上看却都是汉人的特征。可如果墓主是汉人，他又为什么不像汉人一样使用棺和随葬品呢？

带着这些疑问，考古人员准备对床榻上墓主人的遗骨进行清理，希望能够获得更多的信息，解开这些谜团。

放置尸骨的床榻，南面的木质围栏已经腐朽。为了便于清理，考古人员小心地把已经倒塌的围栏抬出室外进行保护，随后再带回研究院进行研究。

考古人员惊奇地发现，这个历经千年的木质围栏居然滴水不漏。专家推测，围栏可能经过桐油浸泡。桐油具有防潮防腐、防虫防裂的功能。通过对木材纹理的观察，考古人员推测，制作木质围栏的木材可能是榆木。

那么，墓主到底是汉人还是中亚人呢？

他的尸骨上会不会透露出更多有关他身份的信息呢？

现在，文保专家已经做好准备，开始清理尸骨。经过测量，男性骨架长1.8米，女性骨架长1.65米。墓主夫妇尸骨上盖着粗纤维的毯子，身上的衣物和骨骼已经腐朽灰化。

文保专家提取了一些掉落在墓主身上的砖片，以及毯子和衣服碎片，以备进一步研究。

由于衣服已经腐朽，所以无法辨认墓主穿的是中亚祆教徒的服装还是汉式服装。并且，即使能够辨认，也不能通过服装判断出墓主是汉人还是中亚人。因为，就算墓主是中亚人，在中原长期居住，早已被同化，也很可能会穿汉人的服装。

文保人员一边清理，一边仔细观察。他们发现，虽然墓主的骨骼已经腐朽，却仍然保留着几颗牙齿。专家们小心翼翼提取出牙齿，放入密封袋内保存，希望通过牙齿的DNA测试，获得更多墓主身份的信息。然而在提取过程中，考古人员却发现，经过上千年的时间，牙齿保存的情况并不理想。

专家们又将目光转向了墓主的头发。墓主夫妇棕红色的头发一直是悬而未决的谜团，它到底是由于时间和埋葬环境使黑色素减退形成的，还是墓主头发本身的颜色呢？

文保专家先提取出了男墓主的头发。在提取女墓主头发的时候，考古人员发现，女性尸骨的头发十分凌乱，上面还插有一把6厘米长的小木梳。

现场的专家说："从她的发型来看，最有可能的是她当时梳了一个发髻，然后在上面插了一个梳子。"

文保专家把木梳提取出来放在塑料盒内。为了避免它进一步腐朽毁坏，专家在木梳周围放上泡沫塑料和一些粉碎的骨渣，这样木梳就能够在原有的环境下保存，并且不会因为在塑料盒内晃动而破碎成灰。专家还提取出女墓主的部分头发。

由于墓主夫妇的头发保存得比较完好，考古人员希望通过男女墓主头发的DNA测试，解开墓主到底是汉人还是中亚人的疑团。

在样本提取过程中，考古人员发现，女墓主所穿的一双鞋，形状依稀可见。它的前端向上卷起，经过测量，鞋长18厘米，但是材质不明。文保专家十分小心地把两只鞋提取出来。经过上千年的时间，两只鞋已经严重腐朽。专家们把鞋放入塑料盒内，准备运回实验室做加固保护和材质检测。

在提取的时候，考古人员发现女墓主的脚看上去显得特别小。考古人员突然想到，女墓主会不会是缠过足呢？因为中原女性缠足始于宋朝，并且越是有身份的大户人家的女性越会缠足。假如女墓主生前缠过足，那么她就很可能是汉人，而不是中亚人。

考古专家赶紧请来韩城矿务局附属医院骨科医生到现场进行鉴定。两位骨科专家经过仔细测量，反复观察，得出的专业结论是：脚骨发育形态正常，未发现有遭受外力压迫的迹象。也就是说，女墓主生前并无裹脚。

八、同日下葬

在提取过程中,考古人员还发现了一些疑问。

首先,根据墓葬的填土来看,像是一次性回填,没有二次挖开的迹象。

其次,从墓主夫妇的尸体看,骨骼完整摆放,不像被二次挪动过。

最后,从放置尸体的床榻宽度来看,显然是为两个人制作的。

考古人员据此推测,墓主夫妇的死亡时间非常接近,两人应该是一起下葬的。

可是,怎么会如此凑巧,夫妻俩竟然一起死了呢?这令考古人员感到非常疑惑。

两具尸体上的结晶说明墓主夫妇生前可能服用过丹药,可如果是因为服用丹药中毒而死,骨骼颜色就会发生改变。2003年曾经在内蒙古发现过一座契丹人的古墓,女墓主因为身体内含有汞,全身尸骨呈现可怕的漆黑色。

经过骨科专家鉴定,墓主夫妇两具尸骨颜色正常,因此排除了中毒死亡的可能。同时,墓主夫妇也没有受过什么外伤,所以也排除了他杀的可能性。因为宋朝已经不流行殉葬,而且墓主只是个医生或者制药师,不是什么高等级的人,看来殉葬也不可能。

那么墓主夫妇到底为何会离奇地一起死亡了呢?

专家们猜测,会不会当年他们遇到了什么天灾人祸?或者男主人先死亡了,在没有下葬之前,妻子由于悲伤过度也死亡了,所以后人就一起埋葬了他们?现在还无法知道确切的原因。

现在,该提取的样本都已经提取完了,可墓主到底是汉人还是中亚祆教徒还是不得而知。并且,虽然通过壁画上的人物服饰以及《太平圣惠方》得知墓主是宋朝人,但具体是宋朝什么时期也无法准确判断。

现场专家说:"在提取样本的几天时间里,我们一直在讨论关于墓主人年代的问题。主要有两种说法:一种是根据壁画里端药的侍者脸型来判断,应该属于北宋早期,与《太平圣惠方》的成书年代接近;另一种观点则认为,墓主的年代属于北宋晚期,甚至晚于金朝。"由于没有随葬品等确切的证据,这两种说法都无法被肯定,所以墓主人年代问题成了发掘期间大家最常讨论的一个话题。

到了这个时候,考古人员不免有些沮丧。因为墓主夫妇的骨骼已经完全腐朽灰化,不再具备保留价值,考古人员准备把骨骼清理干净,然后对墓室整体保护,以便今后对壁画做进一步研究。

考古人员先从男性墓主开始,从头部向脚部进行清理。考古人员发现,男性墓主的骨骼非常酥,更令他们感到失望的是,经过漫长的清理后,他们发现男墓主身上没有任何可供参考研究的物品。

男性尸骨没有发现任何东西,看来女性尸骨也不会有什么发现。考古人员没有抱什么希望,开始对女性尸骨进行清理。然而当清理到女性尸骨的双手时,却有了意想不到的发现!

▲ 安伽墓出土的屏风(e)

现场专家说:"清理女尸的时候,我们发现她的右手竟然握着2枚钱币。"专家们急忙将这2枚钱币取出来,可让他们失望的是,钱币上的字竟然看不清楚。

由于铜钱锈蚀严重,上面的字迹无法辨认,专家们只好在现场对它进行一个简单的清理。随后,钱币上的字迹开始清晰,上面赫然写着"开元通宝"的字样。也就是说,这两枚是唐朝的铜钱。

由于铜钱年代与对《太平圣惠方》的成书年代相距较远,对于判断墓葬年代意义不大。这时候,考古人员又在女墓主的左手里发现了3枚铜钱。经过处理后他们发现,铜钱上写着"熙宁"字样。

由于这个墓没有发现墓志和其他随葬品,所以能够直接说明年代的目前只有壁画和钱币。

北壁所画的《太平圣惠方》,成书于北宋太宗淳化三年,即992年。

女墓主左手所握的3枚北宋神宗年间的"熙宁元宝"钱币,属于北宋神宗年间,即1068—1077年铸造,铸造年代晚于992年,是墓内发现的最晚的遗物。根据研究考古年代学的常规方法,该墓的下葬年代当于此不远,也就是说,墓葬为北宋晚期的可能性最大。

但是,墓主人是北宋神宗时代,还是之后的徽宗、钦宗时代,则无法确定。

尽管如此,墓葬中的许多物品对于今后的杂剧研究、服饰研究、宗教研究等都提供了很多的素材。此外,对于中医药研究和山水画研究,也奠定了一个平台。

九、墓主绝非中国人

死者手中握物的习俗在中原汉人葬俗中由来已久,从女墓主手握铜钱来看,符合汉人的葬俗特点。

专家说:"在我国,手握物品的葬俗很早就有,最常见的是手中握玉。到专家们又将目光转向了墓主的头发。墓主夫妇棕红色的头发一直是悬而未决的谜团，它到底是由于时间和埋葬环境使黑色素减退形成的，还是墓主头发本身的颜色呢？

文保专家先提取出了男墓主的头发。在提取女墓主头发的时候，考古人员发现，女性尸骨的头发十分凌乱，上面还插有一把6厘米长的小木梳。

现场的专家说："从她的发型来看，最有可能的是她当时梳了一个发髻，然后在上面插了一个梳子。"

文保专家把木梳提取出来放在塑料盒内。为了避免它进一步腐朽毁坏，专家在木梳周围放上泡沫塑料和一些粉碎的骨渣，这样木梳就能够在原有的环境下保存，并且不会因为在塑料盒内晃动而破碎成灰。专家还提取出女墓主的部分头发。

由于墓主夫妇的头发保存得比较完好，考古人员希望通过男女墓主头发的DNA测试，解开墓主到底是汉人还是中亚人的疑团。

在样本提取过程中，考古人员发现，女墓主所穿的一双鞋，形状依稀可见。它的前端向上卷起，经过测量，鞋长18厘米，但是材质不明。文保专家十分小心地把两只鞋提取出来。经过上千年的时间，两只鞋已经严重腐朽。专家们把鞋放入塑料盒内，准备运回实验室做加固保护和材质检测。

在提取的时候，考古人员发现女墓主的脚看上去显得特别小。考古人员突然想到，女墓主会不会是缠过足呢？因为中原女性缠足始于宋朝，并且越是有身份的大户人家的女性越会缠足。假如女墓主生前缠过足，那么她就很可能是汉人，而不是中亚人。

考古专家赶紧请来韩城矿务局附属医院骨科医生到现场进行鉴定。两位骨科专家经过仔细测量，反复观察，得出的专业结论是：脚骨发育形态正常，未发现有遭受外力压迫的迹象。也就是说，女墓主生前并无裹脚。

八、同日下葬

在提取过程中,考古人员还发现了一些疑问。

首先,根据墓葬的填土来看,像是一次性回填,没有二次挖开的迹象。

其次,从墓主夫妇的尸体看,骨骼完整摆放,不像被二次挪动过。

最后,从放置尸体的床榻宽度来看,显然是为两个人制作的。

考古人员据此推测,墓主夫妇的死亡时间非常接近,两人应该是一起下葬的。

可是,怎么会如此凑巧,夫妻俩竟然一起死了呢?这令考古人员感到非常疑惑。

两具尸体上的结晶说明墓主夫妇生前可能服用过丹药,可如果是因为服用丹药中毒而死,骨骼颜色就会发生改变。2003年曾经在内蒙古发现过一座契丹人的古墓,女墓主因为身体内含有汞,全身尸骨呈现可怕的漆黑色。

经过骨科专家鉴定,墓主夫妇两具尸骨颜色正常,因此排除了中毒死亡的可能。同时,墓主夫妇也没有受过什么外伤,所以也排除了他杀的可能性。因为宋朝已经不流行殉葬,而且墓主只是个医生或者制药师,不是什么高等级的人,看来殉葬也不可能。

那么墓主夫妇到底为何会离奇地一起死亡了呢?

专家们猜测,会不会当年他们遇到了什么天灾人祸?或者男主人先死亡了,在没有下葬之前,妻子由于悲伤过度也死亡了,所以后人就一起埋葬了他们?现在还无法知道确切的原因。

现在,该提取的样本都已经提取完了,可墓主到底是汉人还是中亚袄教徒还是不得而知。并且,虽然通过壁画上的人物服饰以及《太平圣惠方》得知墓主是宋朝人,但具体是宋朝什么时期也无法准确判断。

现场专家说:"在提取样本的几天时间里,我们一直在讨论关于墓主人年代的问题。主要有两种说法:一种是根据壁画里端药的侍者脸型来判断,应该属于北宋早期,与《太平圣惠方》的成书年代接近;另一种观点则认为,墓主的年代属于北宋晚期,甚至晚于金朝。"由于没有随葬品等确切的证据,这两种说法都无法被肯定,所以墓主人年代问题成了发掘期间大家最常讨论的一个话题。

到了这个时候,考古人员不免有些沮丧。因为墓主夫妇的骨骸已经完全腐朽灰化,不再具备保留价值,考古人员准备把骨骸清理干净,然后对墓室整体保护,以便今后对壁画做进一步研究。

考古人员先从男性墓主开始,从头部向脚部进行清理。考古人员发现,男性墓主的骨骸非常酥,更令他们感到失望的是,经过漫长的清理后,他们发现男墓主身上没有任何可供参考研究的物品。

男性尸骨没有发现任何东西,看来女性尸骨也不会有什么发现。考古人员没有抱什么希望,开始对女性尸骨进行清理。然而当清理到女性尸骨的双手时,却有了意想不到的发现!

▲ 安伽墓出土的屏风(e)

现场专家说:"清理女尸的时候,我们发现她的右手竟然握着2枚钱币。"专家们急忙将这2枚钱币取出来,可让他们失望的是,钱币上的字竟然看不清楚。

由于铜钱锈蚀严重,上面的字迹无法辨认,专家们只好在现场对它进行一个简单的清理。随后,钱币上的字迹开始清晰,上面赫然写着"开元通宝"的字样。也就是说,这两枚是唐朝的铜钱。

由于铜钱年代与对《太平圣惠方》的成书年代相距较远,对于判断墓葬年代意义不大。这时候,考古人员又在女墓主的左手里发现了3枚铜钱。经过处理后他们发现,铜钱上写着"熙宁"字样。

由于这个墓没有发现墓志和其他随葬品,所以能够直接说明年代的目前只有壁画和钱币。

北壁所画的《太平圣惠方》,成书于北宋太宗淳化三年,即992年。

女墓主左手所握的3枚北宋神宗年间的"熙宁元宝"钱币,属于北宋神宗年间,即1068—1077年铸造,铸造年代晚于992年,是墓内发现的最晚的遗物。根据研究考古年代学的常规方法,该墓的下葬年代当于此不远,也就是说,墓葬为北宋晚期的可能性最大。

但是,墓主人是北宋神宗时代,还是之后的徽宗、钦宗时代,则无法确定。

尽管如此,墓葬中的许多物品对于今后的杂剧研究、服饰研究、宗教研究等都提供了很多的素材。此外,对于中医药研究和山水画研究,也奠定了一个平台。

九、墓主绝非中国人

死者手中握物的习俗在中原汉人葬俗中由来已久,从女墓主手握铜钱来看,符合汉人的葬俗特点。

专家说:"在我国,手握物品的葬俗很早就有,最常见的是手中握玉。到了后代，除了玉之外也握一些其他的东西。这个墓葬里女主人就握了几枚铜钱，很可能跟墓葬本身没有随葬品有关系。"

但令专家感到疑惑的是，墓主为何没有像汉人一样使用棺和随葬品呢？而且女墓主也没有像宋朝汉人一样缠足？如果根据墓主棕红色的头发推测墓主是中亚袄教徒的话，他又为什么不把袄教的图腾内容画在墓室内，却画上佛祖涅槃像呢？再加上壁画上的服饰和内容都是汉人特征，这又该如何解释呢？

专家们猜测，会不会是墓主夫妇本来是汉人，然后跟中亚人通婚的情况呢？比如男墓主是中亚人，祖上几代进入中原，长期居住在这里，娶了汉人妻子，所以后人在给他们下葬的时候，尊重了双方种族的特点。

或者墓主夫妇两个人都是中亚人，长期居住中原后，不论服饰、文化、宗教信仰都被汉人同化了，所以才会有这种既有汉人特征又有袄教特点的墓葬形式。

看来要想知道墓主夫妇的确切种族，还得通过尸骨得到答案。但是由于墓主骨骼上有结晶，加之身上的衣物腐烂，致使骨骼里掺杂了一些其他杂质，所以无法通过骨头鉴定出墓主夫妇的种族。墓主夫妇的种族只有通过头发的DNA检测才能最终确定。

于是，考古人员将墓主人的头发样本送往中国军事科学医学院，进行了一些检测。很快检测结果出来了：不能准确断定是哪个人种。不过，通过排除法，专家们排除了墓主人是蒙古人种的可能。因为中国人属于蒙古人种，所以也就排除了墓主是中国人的可能，从墓葬的其他迹象来看，最有可能的是中东、中亚这一带人种。

至此，几个月来的发掘与调查、墓主扑朔迷离的身份终于水落石出。

小小的墓室为我们提供了大量的线索。曾经在千年前，一对具有中亚血统的夫妇长期在陕西居住，他们从事着与中医药有关的职业，喜好宋朝的杂剧。因为长期居住中原，他们渐渐放弃了原有的生活习俗，慢慢融汇到汉民族的大家庭中。虽然他们种姓原有的很多特征都被汉民族同化了，但是他们却把自己的葬俗与汉民族的葬俗融合起来，形成一种独特的形式：既没有棺椁和陪葬品，又像汉人那样手里握着铜钱。同时他们把生前最喜爱的东西绘制成精美的壁画，为千年后的人们留下了一份宝贵的财富。

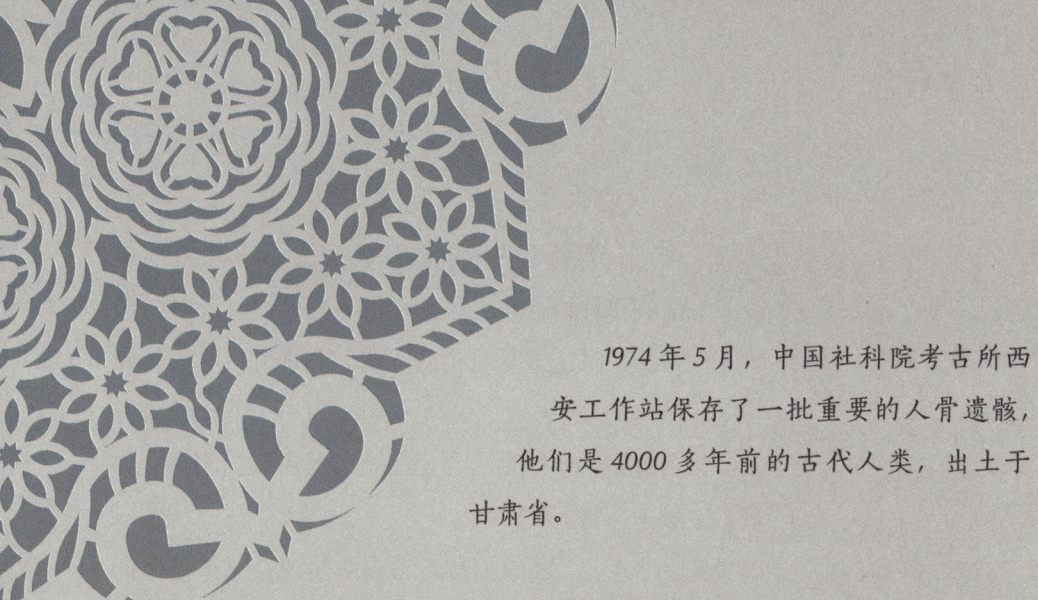

1974年5月，中国社科院考古所西安工作站保存了一批重要的人骨遗骸，他们是4000多年前的古代人类，出土于甘肃省。

古颅悬疑

一、穿孔古颅

韩康信，作为中国为数不多的鉴定古代人类的专家被特别邀请到西安。因为这个行业的人都相信，对于如此古老的人骨遗骸，没有人比他更加权威。

▲ 白色骷髅

在这里，一颗头骨引起了韩康信的注意。

韩康信说，当时发现这个现象后，也没有特别地去想这个东西，只是觉得很奇怪，为什么开这么大口。

年轻的韩康信丝毫没有意识到，一个长达30年的谜团由此引发了。9年以后，1983年6月的一天，韩康信接到青海考古所的电话，请他到一个叫民和的地方，鉴定一处考古发现。

到了青海民和县，韩康信临时布置了一个工

韩康信（1935— ）：1962年毕业于复旦大学人类学专业。同年到中国社会科学院考古研究所工作。任考古研究所专业职务评审委员会委员、研究员。享受国务院颁发的政府特殊津贴。研究领域主要为骨骼人类学的鉴定与研究。有《中国新石器时代种族人类学研究》等论著。

> **民和：** 民和县位于青海省东部边缘，享有青海"东大门"之称，全县面积为1890.82平方千米，东北与甘肃省永登县、兰州市红古区相近，东南与甘肃省永靖县、积石县毗邻，西、北与青海省循化、化隆、乐都县接壤。

作点。青海考古队在这里发掘出一处4000多年前的墓葬群，出土了大量的人骨遗骸。此时，考古队员又送来了一批的人骨。刹那间，时间仿佛被这一幕凝固了。这个头骨上有一个洞，韩康信下意识地怀疑会不会是出土时考古队员不小心弄破了头骨。

韩康信称，考古队员说，这不是他们弄的，挖出来就是这样的。

猛然间，韩康信对自己的经验产生了怀疑。他鉴定的人骨数量至少已经上万，人为弄破的头骨他也曾见过，但与眼前的头骨完全不同。

▲ 破碎的骷髅上有一个洞

韩康信回忆，头骨上的洞非常圆，而且洞口的截面非常整齐，就像现代工厂里的钳工用钻子钻金属器具的钻孔一样。当时觉得挺奇怪的，是怎么挖出来的？

让韩康信吃惊的事情接踵而来。他又发现了2颗有洞的头骨，洞的形状更加离奇，一个椭圆形，一个长条形。这一次，韩康信心中产生了一连串的疑问：曾在西安看到的那个头骨和它们之间会有什么联系？这只是一个孤立偶然的事件吗？韩康信决定将头骨带回北京。

几个月来，那些神秘的空洞成了韩康信的一个心结，在这几位4000多年前的

▲ 长条形的破口颅骨

古人身上，到底曾经发生过什么？这些奇形怪状的孔洞究竟是怎样造成的？作为一位资深的古人类学家，韩康信百思不得其解。

韩康信称，骨骼并不像受过创伤或打击以后破裂了。如果是破裂了，骨头是在哪裂开呢？骨头也没有裂开。开了个天窗？是怎么打上的呢？

让韩康信感到棘手的就是孔洞的形状，什么样的武器能在头上砸出这样圆润的洞穴？如果是在今天，人们会想到枪伤，但在4000多年前，连铁器都还没有出现。

韩康信认为，如果不是人为的，没有其他的原因可解释。有时候动物，比如老鼠咬人骨头，在墓穴里也可以咬出洞来。但是，啮齿类动物咬骨头是为了磨牙，就只是一个骨片，上下咬，里面外面都会有咬的痕迹，但这个不是。

排除人为暴力所致，还有怎样的人为原因？难道是有人存心想在人的脑袋上钻洞？这似乎更加蹊跷，中国人向来对头颅的重视胜过心脏，何况是在几千年前的蛮荒年代，谁又敢这样做呢？然而，还有一种情况可能存在，那就是在人死后，在头上钻洞。

韩康信说，我在一些资料上看到过，尤其是欧洲，有在人头骨上钻洞的情况。

正如韩康信在资料上见到的那样，欧洲古人类出于对人骨的崇拜，在死后的人的头上钻洞取骨。

韩康信称，钻洞的目的就是要取骨片，在中间穿一个孔，把它磨光了，甚至在上面搞一点装饰，然后穿起来，做一些小的装饰品或纪念品，辟邪用，西方有这种解释。

青海发现的有洞头骨，会不会也正如欧洲人的古老信仰一样，是某种人骨崇拜的结果？

1989年9月新疆考古所急电，和静县察吾乎沟发现一群3000多年前的古墓，遗骸800多具，请韩康信连夜赶赴新疆。到了新疆，让韩康信更加震惊的事情发生了。

韩康信称，收集了80几个头骨，其中有十几个头骨上有穿孔，有些头骨上有好几个洞，不单是一个洞，有圆的，有方的，但是洞都比较小。

▲ 考古队员又送来一批人骨

在一个还未成年的男孩头骨上面竟然有4个的孔洞，2个圆形，2个正方形。韩康信立刻联想到了青海的头骨，而眼前这触目惊心的男孩颅骨，难道也能用人骨崇拜来进行解释吗？在这次清理工作中，韩康信一共发现了14个有洞的头骨，大大小小的孔洞竟然有58个。而且每个孔洞的边缘都非常整齐，用手摸还能感觉到骨质的棱角，就像是用某种锐利的工具在头骨上切割出来的。

韩康信说，所以我认为还是死后，经过某种尸体的处理，在骨头上直接刻的，刻的原因就是想取一块小的骨片。

韩康信曾经做过的猜测，到如今又一次得到了印证。几千年前，在中国的西北，我们的先民们也许的确存在着某种古老的信仰——人骨崇拜。

然而，在此之后的短短2个月，事情的进展完全超出了韩康信的想象。

头骨的发现本来只是韩康信的一个意外收获，但是10年来，在不同的地区屡屡发现奇特的古人头骨，韩康信认为应该着手整理后，对外发表这项研究。然而，忽然间韩康信意识到曾经看过无数遍的青海头骨与新疆头骨是完全不同的。新疆头骨的洞口边缘有一个垂直的截面，而青海头骨孔洞的边缘却是十分光滑圆润，洞口边缘就像被打磨过一样。

韩康信认为，如果是人工垂直刻的话，边缘是直角形状，所以这个边缘摸上去棱角清楚。但是青海的头骨，它的边缘是圆钝的，摸上去是圆的，感觉不一样。不是刻上去有棱角的感觉。

同样是头骨上的洞，一个光滑圆润，一个棱角清楚。青海头骨远远不像新疆头骨那么简单，如果是在人死后用工具切下骨头，那应该留下整齐的切面才对。显然,死后取骨以及人骨崇拜的说法已经无法解释。难道这是骨头生长愈合的痕迹吗?想到这里,韩康信心里更加不安,如果真是那样,那就意味着,这3位男子头上孔洞形成的时间,不在死后,而是在生前。

新疆头骨的出现将韩康信对青海头骨的所有推测全部推翻,从终点打回起

▲ 整齐的切面

点。这时已是1991年的初冬,韩康信研究头骨的事情在考古所被人们传开。有的人认为,这并不是他的主业,何苦一定要探个究竟呢。而有的人却一直在等待事情的结局。

这天中午,研究陶瓷的王教授给了韩康信一个提示:现在的一些疾病也可以引发人的头上出现孔洞。会不会那些古人是生了某种奇怪的病?本来停滞不前的研究,似乎又呈现出新的转机。

韩康信说,如果说是病理,什么样的疾病,得找出造成这种形状可能的病理、病因。我当时还年轻,病理知识比较缺乏,没有专门收集这方面的知识。

田增民,北京海军总医院脑科权威教授,在几十年的临床经验中,曾治疗过各种各样的脑部疾病。

田增民称,疾病引起颅骨穿孔的病理的过程是一点点逐渐将颅骨腐蚀掉,最终形成的穿孔形状很不规则,肉眼看上去坑坑洼洼的,很像海底的珊瑚。而古代人头上的穿孔形状相对比较规则,我个人认为,疾病很难诱发出那样规则的穿孔。

就在田增民的研究结果还未得出之前,韩康信也在查阅着各种能造成头骨穿孔的疾病案例。从若干的病例中,他努力寻找着与古人头骨上相似的特征。然而,经过反复的对比,韩康信的希望落空了。

韩康信说,这像病理却又不像病理的样子,病理的穿孔各式各样:梅毒、

> **梅毒：** 由性传播引起的慢性全身性传染性疾病，早期以皮肤损害为主。因疮之外形似杨梅，故名杨梅疮。此外还有下疳、便毒、杨梅豆等名称，凡出生后患病的称获得性梅毒；在胎里得病的称胎传梅毒。第三期梅毒会出现颅骨明显的成骨改变。

转移癌都是不规则的，但是它有病理的特征。所以，像这样比较圆浑的洞穴，不是用病理能够解释的了的。

韩康信即将奔赴外地，在出发之前，他决定将头骨送到北京法医鉴定中心做一次鉴定。外伤，曾经是他最早排除的一种推测。如果头骨上的洞真的是在生前形成的，那么他过去对外伤的判断可能有些草率。

任嘉诚，北京市公安局的一位资深法医，常年与各式各样的尸体打交道，积累了丰富的法医探案经验。不过为4000多年前的古人做法医鉴定，任嘉诚还是第一次。

任嘉诚称，一开始看以为它是外伤性质的，就是被别人攻击造成的，或者在意外事故中形成的颅骨损伤，仔细看过后认为不是这样的。

短短2个小时，几位法医不再讨论头骨上的孔洞，他们更关注的恰恰是洞的周边。一个重要证据的缺失让他们对外伤的可能产生了怀疑。

任嘉诚说，外伤形成的这种骨折打击、撞击或者车祸，都有一个围绕骨折的中心或者缺损部位有放射性的骨折线，而这上面没有。这3个头骨上都没有发现这种发射性的骨折线。

任嘉诚认为，人的头部如果受到外力撞击时，除了着力点受力以外，它周边的骨头也要分担一部分外力，这样会立刻在破损的部位形成放射性的骨折裂纹。这个重要特征在3颗古代头骨上都不具备。因此，任嘉诚认为古人头上的洞不可能是外伤造成的。

得知法医的鉴定结果后，韩康信的情绪十分低落。对青海头骨的各种推测，都被一一否定和排除了。到底在几千年前发生过什么？那些神秘的孔洞真的无法解释吗？这时的韩康信完全没有了头绪。

对头骨的研究在随后的几年并没有任何进展，韩康信如往常一样，又沉浸于他的古人类起源研究。时间的流逝似乎让他逐渐淡忘了那几颗头骨。

2001年的一天下午，韩康信无意中看到一本国外文献，文献上的图片是南美洲出土的4000多年前古人的头骨，他们头上的孔洞显然比青海头骨的更加规则，而且洞口的边缘也同样有着一圈平滑圆润的骨头。韩康信十分诧异，对于这些空洞形成的原因，法国的人类学家普若卡做出了这样的解释，他认为，这是一种古老的开颅技术。

> **普若卡（1824—1880）：** 法国人类学家、外科医生。他以对不同人种大脑的不同部分的特殊区域的研究而知名。在研究失语症患者时，他发现了大脑中用于控制发音语速的区域，此区域后被命名为"普若卡区域"。

韩康信称，这才开始感觉到应该另外寻找一些合理的解释，从非病理的，也不是从创伤的角度去考虑。

在去山东的列车上，韩康信满脑子想的都是头骨的事情，曾经对头骨做出的各种推测，从他的记忆深处一幕幕浮现出来。那位法国人的推想的确给了他很大的启发，但是否确实如他们所推想的，在人类文明还处于幼年的时候，古人就有了那样的惊人之举，韩康信内心深处仍然非常疑惑。

一到临淄，韩康信立刻投入工作。脑海中对头骨的各种想象仍然在不断地涌现。就在这时，助手递给了韩康信一颗头骨。看到这个头骨，韩康信简直不敢相信自己的眼睛，这是一颗有洞的头骨。他无法按捺自己的欣喜，立刻让大家停下手中的工作，先清理所有出土的头骨。

这个晚上，韩康信独自留在工作室研究这个400多具遗骸中唯一一个有洞的头骨，它属于一个死亡时还是中年的男子，而他生活的年代距今有5200多年。他头上的孔洞如鹅蛋大小，比青海头骨更加规则，而与普若卡发现的国外头骨几乎完全一样，头骨的洞口边缘也有一圈光滑圆润的骨头。韩康信一遍遍摸着孔洞的边缘。此时，他的心中已经有了一个明确的结论。

韩康信回忆，当天晚上，我把头骨清理了以后，就写了几百个字的报道，让他们带到济南去。

韩康信的报告被连夜送到了济南市考古研究所。在报告中，他非常慎重地做出了一个大胆的推论，他认为那位5200多年前的中年男子在生前曾经接受过开颅手术。人们无法相信,在那个蛮荒时代,在那样的文明程度下,古人怎么可能实施如此危险而精密的脑部手术呢?

二、远古部落的开颅手术

2001年6月25日中国考古学界和医学界的权威来到了山东考古所召开论证会,因为各界权威对韩康信做出的推论产生了诸多质疑。

张学海称,过去知道有接骨头、接鼻骨的,考古上发现过,但是开颅这种手术,原来也没有出现过。不光我,其他的考古人员也没有想到这么早就出现了开颅手术。

身为古人类起源的研究学者,几十年来,韩康信在各地先民遗骸中,陆续发现有洞的头骨。像许多人一样,韩康信首先从野蛮的角度来解释这些神秘孔洞。但是经过多年的反复求证,他确信这是一种在活人头上实施的手术。最重要的证据就是圆洞的边缘。他认为,这圈光滑圆润的骨头是手术后生长愈合的痕迹。

几个小时过去了,会议僵持在韩康信提出的核心证据上。专家们认为,肉眼的确能看到光滑圆润的骨质,但是如何证明这就是生长后形成的呢?况且,仅仅凭借几十年的经验,就能够推断出事实的真相吗?

鲍修风,被人称为脑科的"第一把刀",韩康信的推论对他产生了极大的震动,鲍修风要为头骨做CT。

鲍修风说,5000多年以前我们老祖宗就能开颅,我是脑外科大夫能不惊讶吗?所以说现在,光用肉眼看一看、摸一摸,我看不能确定。作为疑点就是这样,我考虑下一步就做检查。

对于韩康信的结论,鲍修风将信将疑。凭借他对颅骨的了解,古人要想在人的头上徒手切出一个圆洞,这并不是件难事。但"要想保证切骨后,人能活下来,就不能出现任何微小的差错,否则必将致命。"在那个蛮荒的年代,古人真的能做到吗?这颗头骨使鲍修风产生了极大的好奇心。

鲍修风为头骨检测的事情也给韩康信带来不小的震动。如果他真的能够检测出孔洞是手术后形成的,那专家组所质疑的关键证据就能得到一个有力的证明。

此时,为头骨寻找证据的不只是鲍修风一人,山东考古所研究员张振国,与韩康信交往了十几年。在他的印象中,韩康信是一位严谨而有几分保守的学者,如果没有充分的把握,他是不会公之于众的。虽然因证据不足,头骨论证会最终没有认同他的推论,但在张振国看来,还不能就此判定谁是谁非。遗址出土的所有物品目前还在清理当中,凭他对这个遗址文化的了解,也许能够从中找出证据。

张振国称,我们过去一直说,大汶口文化是一种比较先进的文化。先进到底体现在什么地方,除了表现在社会组织结构上,还通过墓葬反映的巨大贫富差异,比如有比较精美的陶器。在这个基础上,我们反过来想,如果是出现早期的开颅手术,也应该是非常有可能的。

> **大汶口文化:** 中国黄河下游地区的新石器时代文化。因1959年发掘的山东省泰安市大汶口遗址而得名。主要分布在山东省泰山周围地区。据放射性碳素断代并经校正,年代约始自公元前4300年,到公元前2500年前后发展为山东龙山文化。

此时,文物整理室是只剩下张振国一人,他眼前的石器是遗址中的随葬物品,5200多年前,人类还处在石器时代。如果头上的孔洞的确是人为做的手术,那么当时手术的工具也只能是石器。张振国一次次尝试着石器的锋利程度,石器的刀刃并不如他想象的那样锋利。此时,张振国有些迟疑,如此粗糙的工具怎么能做精密的开颅手术呢?

与此同时,对头骨的CT扫描正在进行,山东省考古所的两位工作人员似乎比鲍修风更加紧张。头骨CT结果已经出来。头骨水平横截面的图像清晰地呈现出来,整个头骨最终被分切成140张水平图像。鲍修风让助手调出圆洞周围的水平图像。洞口边缘每个层面的图像,的确如韩康信所说的那样,非常圆。这样的图像鲍修风是第一次见到,虽然他曾做过40多年的开颅手术,但是对于手术后骨头的边缘究竟是怎样生长的,他完全没有经验。

孔洞边缘所呈现的这种形状，到底意味着什么？鲍修风立刻让马大夫冲洗出头骨的X光片，与做过开颅手术后的病人进行对比。手术后，鲍修风拿到了两份片子，一张是刚刚做完开颅手术的病人脑部图像，片子上可以清晰地看到头骨切割后整齐的截面，而另一张就是手术后头骨愈合的图像。这个图像上的生长痕迹与古人的完全不同。这个检测结果很快传到了山东省考古所人骨工作站，这个消息让韩康信心头一沉。

头骨论证会后，韩康信一直没有返回北京，就在鲍修风鉴定头骨的同时，韩康信自己也在寻找一些新的证据。他每天花很多时间，用各种手段来研究头骨，试图自己找出直接的证据，但并没有实质性的进展。

此时，张振国那里也传来消息，他认为那些简陋的石器无法为头骨孔洞提供关键的证据。对于张振国的怀疑，韩康信提出了另一种看法。

韩康信称，至于究竟是什么东西，对于山东新石器时代，一般的理解是新石器时代没有金属工具，只能是石头做的工具，这种工具可能不会太大，主要是比较小型的，目的在于推测有没有这个能力，不一定非要找到这个工具，那么就用间接的方法推测。

虽然目前还没有直接的证据证明古人有切骨的能力，但是简陋的工具真的不能胜任吗？韩康信产生了一个想法，他要亲自去试一试这从未有人试过的事情——用简单的工具徒手打开人的头骨。

华佗（约145—208）：字元化，东汉末年临床医学家。以擅长施用全身麻醉的"麻沸散"、进行外科手术和设计体育医疗的五禽戏而著称于世。又主张积极的体育锻炼，创"五禽之戏"，即模仿虎、鹿、熊、猿、鸟5种动物的动作，以活动筋骨、疏通气血、增强体质、防治疾病。

韩康信选择了考古时所用的铁刀作为切骨工具。一个小时过去，头骨刚刚凿出了形状。切割头骨的难度完全超过了专家们的想象，连韩康信自己也没有想到会如此费力。3个小时过去了，切骨的专家已经换了3位。头骨已经凿通。4个小时后，头骨最终被切割下来。几位山东考古所的专家都开始怀疑，就算当时真的能够切下头骨，恐怕没有人能够承受这样的疼痛，除非在当时人们有麻醉药。

在当今的现代开颅手术中，病人一直依靠麻醉药来维持一种深度睡眠的状态，大夫操刀期间病人丝毫的挪动都可能带来致命的危险。中国历史上最早的麻醉药是华佗发明的麻沸散，但距今只有1700多年左右，在此之前，史书上并没有关于麻药的文字记载。那么，在5000多年前，没有麻醉药，人怎么可能活的下来？此时，各方面的努力都直接指向了一个相反的方向。然而，韩康信仍然坚持他自己的想法。

> **麻沸散**：后汉书《华佗传》记载："若疾发结于内，针药所不能及者，乃令先以酒服麻沸散，既醉无所觉，因剖破腹背，抽割积聚。……"其配方已失传。据《华佗神医秘传》记载，麻沸散由踯躅三钱，当归一两，茉莉花根一钱，菖蒲三分配成，水煎服。但此方是否为原方，尚难确定。

韩康信说，有时候你疼，没有麻药，人能忍受得住，这是我们有时候不敢想象的。就是现代也有人能忍，你要开刀，他忍着疼，不吭声、不喊叫。有这样的人，特别是打仗的时候受伤了，麻药缺乏的时候，有的人很硬气就是不吭声。我觉得古人更多的是精神上的，忍受力也许古代人比我们强。

对于韩康信的这种说法，山东考古所的专家们疑惑了，他们开始认为，5000多年前的开颅手术是不存在的。

这天上午，山东齐鲁医院脑外科收治了一位急诊病人，这位病人在1979年前曾经因车祸做过开颅手术。在为病人做CT后，鲍修风的助手立刻将病人的X光片送到了鲍修风的办公室。这张片子让鲍修风十分惊讶，X光片上这位病人开颅部位的头骨痕迹与古人头骨的完全一致。难道古人头上的孔洞，需要22年才能生长愈合吗？最初的检测结果又是怎么回事？

此时，鲍修风无法解释检测结果出现的巨大反差。他决定，在济南市各大医院收集不同时间曾经做过开颅手术的病人的片子。

就在同一个晚上，出乎张振国预料的事情也发生了。工作人员在清理随葬物品时，发现了2个带有孔洞的石器，经过张振国仔细鉴别后，他确定这并不是石器，而是玉器。玉器上的圆孔打磨得非常整齐，如此规则的圆孔，似乎不是徒手打钻的，张振国立刻想到，这个物品就可以证明在当时有比玉更加坚硬的工具。而玉的硬度必然要比人的头骨硬许多。

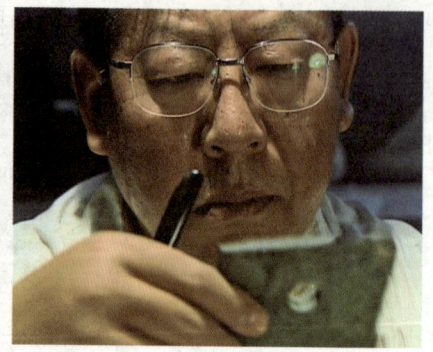

▲ 比玉还坚硬的工具

◀ 出乎意料地发现了带有孔洞的石器

　　张振国称，通过玉器也可以反映出当时有钻孔技术。我现在是这么理解的，和开颅有关的这种技术是不是可以从一个侧面来反映。

　　另一个更为直接的证据也在这天出现了，助手邵云也发现了一个从未见过的物品。这是一件骨器，从形状看，张振国认为这是一把骨梳，骨器上雕刻的花纹非常精致，花纹的上方还有几个不是很规则的圆孔。既然能在动物的骨头上刻出花纹，那么要在人的头骨上切骨也就不是什么难事了。张振国非常欣喜，这件物品的出现已经可以证明，在当时人们一定有着非常锋利的工具。

　　张振国的努力事实上只是一个佐证，要想证明韩康信的推论，最重要的还是头骨边缘的痕迹究竟是不是生长的痕迹，而关键的证据仍然没有获得。在鲍修风那里，虽然古人的头骨痕迹与那位 1979 年前做过开颅手术的病人完全一样，但是，作为一项研究，鲍修风认为还不能就此定下结论。

　　鲍修风说，因为这是个新东西，只有一个病例不行。要全部归纳出来，再看看。找一个主要点，做了手术后，在一段时间内病人如果死掉了，骨头生长就看不出来，但是做手术以后，颅骨要长，颅骨怎么长？

为了找到这个答案，鲍修风的研究整整进行了3年。他与助手跑遍了济南市的各家医院，收集不同时间段的病例样本。但事情远比他们想象得复杂，因为许多病人在手术康复后，很少回医院复诊检查。直到2004年3月，鲍修风收集到上千份病例后，这项研究才有了关键的进展。

鲍修风称，从3天到十几年的这一系列观察，从中看到了什么？有头骨恢复了10年后的状态，有3年的，还有手术后2个月的，他们的头骨愈合痕迹与古人的完全一致。

而手术后恢复40天的病人头骨，则是鲍修风最初作为对比的样本。在进行了大量的对比研究后，鲍修风才发现他研究的疏漏在于骨头生长的时间上。

鲍修风解释，颅骨是3层。外板和内板，中间有个板障。板障是疏松骨，外板内板都是硬骨。颅骨怎么生长？板障不长，只有内板和外板长，假如它们是围绕板障长，不是往前长，外板往里长而内板往外长，围绕板障长到一起了。后面宽，前面窄，像舌头一样，唇状融合。到了这种程度就不长了，这个融合只有在手术以后才能达到，如果病变不会长出这样的痕迹。

鲍修风发现，人的头骨在手术后的2个月里，每天都能出现不同的生长状态。直到2个月左右，骨头生长最终完全愈合，而在以后的若干年，骨头的状态不会再有任何的变化。

鲍修风称，做了手术后颅骨缺损是怎样长的，从这么多病人的临床上观察，能够得到一个结论，就是内板外板围绕板障形成唇状的间接融合。其实这3年，就只做了这么点。但现在可以这样理直气壮地说了，这个孔洞就是做手术造成的。

经过长达3年的研究，鲍修风认为那位5200多年前的中年男子在手术后至少存活了2个月，甚至是几十年。

2004年8月，山东省考古所再次举行了一个论证会，根据鲍修风和张振国提供的证据，专家组最终认同了韩康信的推论。年末，韩康信将他所发现的 31 颗有洞头骨正式对外发表，在距今 3000—5200 年前，中国的北方曾经出现过一种古老的开颅手术。

在众多的证据面前，我们似乎已经窥见那段曾经辉煌的文明，但是，历史的真相或许比我们想象的更加复杂。

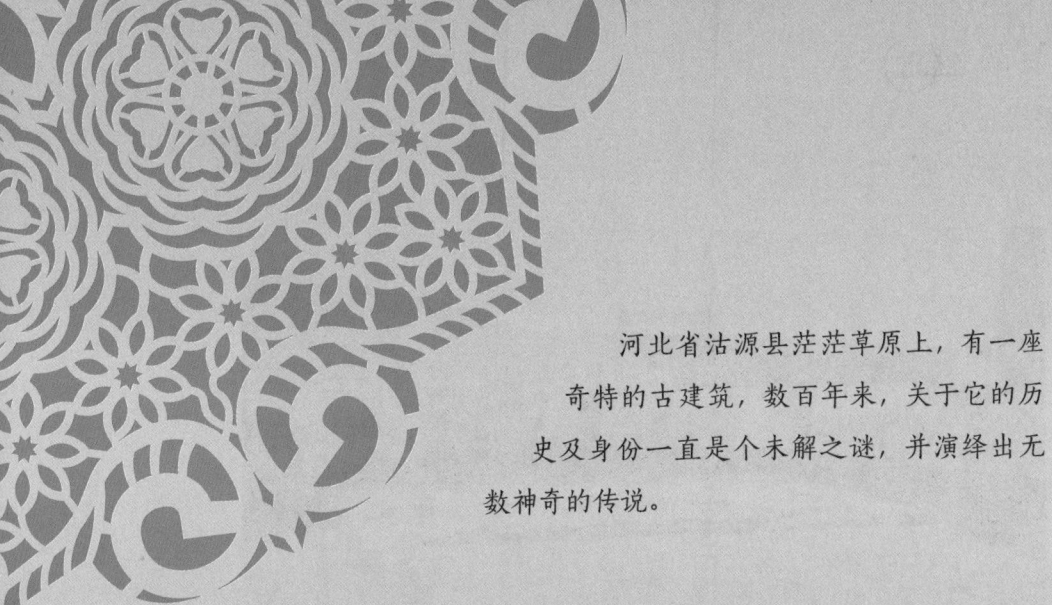

河北省沽源县茫茫草原上,有一座奇特的古建筑,数百年来,关于它的历史及身份一直是个未解之谜,并演绎出无数神奇的传说。

梳妆楼之谜

沽源县位于河北省西北部的坝上地区,北面与内蒙古接壤,南面与北京相邻,自古就是草原文明和农业文明的交汇处。历史上契丹、金、蒙古多个民族从这块土地崛起。关于梳妆楼的故事,就与这些少数民族的活动有着千丝万缕的联系。几百年来,当地百姓传说,这座古建筑是辽朝萧太后的梳妆楼。

萧太后: 姓萧名绰,小字燕燕,辽大臣北府宰相萧思温的第三女,辽景宗耶律贤的皇后,契丹族著名的政治家、军事家和改革家。在位期间,辽进入最鼎盛的辉煌时期。萧绰的军事天才令人叹服,澶渊之战无疑是她军事才能的完整展现。

一、梳妆楼是沽源县现存的唯一地上古代建筑

梳妆楼是沽源县现存的唯一地上古代建筑。但梳妆楼的来龙去脉一直是个谜。《口北三厅志》记载说,这是萧太后的梳妆楼,但只是俗传,不是信史。

北京大学教授王北辰说,梳妆楼是蒙、元文化和西域文化结合的产物,它既有蒙古大帐的风格,也有西亚穆斯林建筑特色。这样的建筑过去仅见

◀ 梳妆楼

于史书记载,文物遗存梳妆楼在我国是独一无二的。梳妆楼可能就是元朝的皇家建筑"圆顶殿",这一观点恰好与当地民间传说的另一个故事不谋而合。

沽源民间传说,梳妆楼下面有一条通往小宏城的秘道。因为站在梳妆楼里用脚跺地面时,会发出空空的响声,所以人们猜测下面可能是空的。

小宏城遗址是元朝开国皇帝忽必烈于1281年修建的行宫,当时叫察罕淖儿行宫。察罕淖儿行宫遗址距梳妆楼不足5千米,有人推测梳妆楼可能是察罕淖儿行宫的前哨站,地下有秘道与察罕淖儿行宫相通。

1999年夏,河北省文物局决定对梳妆楼周围进行试发掘,弄清楚梳妆楼建筑群的规模和形制,并最终确认它的年代和所属关系。

任亚珊当时是河北省文物研究所的副所长,他带领考古小组到沽源后,首先对梳妆楼进行实地勘察。考古小组在梳妆楼周围发现了零碎的琉璃残片,因为梳妆楼上没有琉璃构件,就没有把琉璃和梳妆楼联系起来考虑。

考古队勘察分析,无论是萧太后的梳妆楼,还是元朝皇家的圆顶殿,都说明这个建筑非同一般。既然是皇家行宫的一部分,就绝不会只是一座孤零零的建筑,很可能是个建筑群。揭开梳妆楼的身世之谜,将是重大的考古发现。

二、对梳妆楼进行考古挖掘

梳妆楼西边有一条长 30 米左右的沙梁子,沙梁子的堆积物中有残砖乱瓦、白灰渣子。

考古队把沙梁子挖开后,又往下挖了 30 多厘米,一座完整的建筑遗址便显露出来。其中,一段残存的墙体宽窄及垒砌技术与梳妆楼墙体完全一样,铺设地面的青砖大部分还摆放在原来的位置,多年的雨水侵蚀,砖块风化严重,但仍然可以看出这里曾经存在过一个类似梳妆楼的建筑。

考古队又在梳妆楼西侧 8 米多处,打了一条南北长 11 米,东西宽 8 米的探沟,这条探沟又打到了墙上。经过十几天发掘,考古队又发现 3 座类似梳妆楼的建筑遗址,同时在梳妆楼的西南角也发现了砖铺地面。这使考古队相信,这里确实存在过一个古建筑群。那么,这个古建筑群的范围究竟有多大?

据《口北三厅志》记载,在梳妆楼建筑周围"有缭垣,基址尚存"。也就是说,最迟在清朝乾隆年间,梳妆楼周围还有围墙的基址。要勾画出这个古建筑群的形制和规模,首先应当找到它的

▲ 发现梳妆楼遗址

口北三厅志: 成书于清乾隆二十三年,全书共六册十六卷,全面详细地阐述了长城以北、蒙古高原之南,东西约 385 千米,南北约 490 千米,古上都、察哈尔八旗上古至明清的政治、经济、人文、地理、古迹、风俗、物产等内容,堪称旧方志中不可多得的杰作。

城墙遗址。

考古队在离梳妆楼墙20米左右的地方打探沟，发现有石头，这些石头成绺儿，多少不一，显然是一段原始的残存墙体，难道这就是梳妆楼建筑群的城墙吗？墙体距梳妆楼才20米，梳妆楼作为一个主体建筑不可能距离城墙这么近，这段墙基充其量也只能是梳妆楼的院墙。

根据中国古代建筑的形制特点，一个建筑群的主体建筑距离城墙至少要80米左右。因此，考古队决定在梳妆楼南面80米处，再开一条长15米，宽0.8米的探沟，看是否有城墙的基址出现。

发掘没有发现探沟里有人为扰动的迹象，深挖40多厘米仍是生土，这使考古队感到奇怪。如果梳妆楼的南城墙是东西走向，考古队所打的探沟就应该在它的横截面上，可考古队什么也没有发现，这使他们十分疑惑。

经过探查，考古队在梳妆楼的西南角又发现了十几平方米遗址，表层垒了两层砖，是方形的建筑基址，再往下挖是一层石头一层土，很像建筑的地基。

基址成正方形，长宽4米，考古队分析，如果这片石头是一个角楼的基址，那么梳妆楼的城墙就应该与它成直角向东面和北面延伸。因此考古队决定，在这个角楼的正北，梳妆楼的正西再打一条探沟，看是否能够找到城墙的基址。

发掘令人失望，地表下依旧是生土，并没有考古队所希望找到的城墙基址。

正在大家一筹莫展的时候，参与发掘的村民反映了一个重要情况。他说，他有一块农田，在梳妆楼北面约200米的山包上，每年春天耕地时都会翻出很多石块，有时一天要换几副犁铧。

村民说的这块地里确有很多乱石头，在石堆旁边，考古队发现了一个用青砖铺成的人形平面，周围轮廓是竖立的青砖码出来的。考古队把敖包梁上的表土层全部揭开，发现这些石头成圆圈形，一块挨着一块排列开来，这些沉默的石头圈传出一个强烈的信息：这下面很可能是一个墓葬群。

在石头圈子里，有一块 30 厘米长，20 厘米宽的灰土。果然在下面埋着一副人骨架。

既然敖包梁上是墓葬，距敖包梁只有 200 米的梳妆楼会不会也是墓葬呢？

三、在梳妆楼里寻找答案

考古队从南到北打了几条探沟，并没有找到他们想要找的城墙基址，也没有发现新的建筑遗迹，这说明什么呢？要破解梳妆楼之谜，只有一种可能，那就是到梳妆楼里寻找答案。

考古队在梳妆楼里，用探铲试着打了几个洞，探铲带上来的果然是熟土，土里还夹杂着碎砖块，这显然是回填土，说明地下埋藏着东西。

难道真的像当地百姓们传说的那样，梳妆楼下面是地宫？或者是通往察罕淖儿行宫的秘道？

为慎重起见，考古队决定在梳妆楼的正中间挖一个 1.5 米见方的探坑。当探坑发掘到 30 多厘米深的时候，发现了一些建筑构件，类似红砖块，上面还有云纹图案，仔细看还挂着绿釉，这使考古队感到奇怪。

随后的发现让考古队疑云顿释，豁然开朗。两个 10 多厘米长的大铁钉的出现说明了一切：这是钉棺材的棺钉。因此，考古队做出结论：梳妆楼既不是萧太后的梳妆楼，也不是通往察罕淖儿行宫的秘道，而是墓葬。所谓的梳妆楼，是墓葬上面的附属建筑：享堂。

1999 年 10 月 26 日，河北省文物考古研究所的领导得到梳妆楼考古队的报告，迅速赶到沽源县，大家无不为这一发现感到惊讶。考古队已经揭开了梳妆楼神秘的面纱，接下来该怎么办呢？

> **琉璃：** 琉璃是佛教"七宝"之一、"中国五大名器"之首。古法琉璃采用古代青铜脱蜡铸造技术，经过十多道手工工艺制作而成，其色彩琉云漓彩、美轮美奂；品质晶莹剔透、光彩夺目。有关琉璃最早的文字记载见于唐朝李冗的《独异志》，相传琉璃的发现者是范蠡。

享堂：墓上享堂、房屋等建筑是作为死者亲属祭祀先人和长期守孝居住之用，通常守者要在墓上居住3年之久。这种丧葬形制在当时比较普遍，但后世很难保存下来，因而至今发现极少。《佛学大辞典》中的解释是："祖堂也。安置祖之像牌以祭享之，故云享堂。"

河北省文物保护中心副主任任亚珊说，省局领导决定把它挖掘了，看看人们传说中的梳妆楼到底什么样。

发掘方案确定后，考古队便开始了紧张的工作，这时他们遇到了一个难题：墓口在那儿呢？究竟是先有墓，还是先有享堂？此外，墓坑到底有多深？如果在享堂里发掘，会不会对享堂造成损坏？甚至危及考古人员的安全？

经过认真勘察，考古队断定梳妆楼是先有墓后有楼，梳妆楼是墓地上的附属建筑。既然是以墓为基础的建筑，那么墓口就应该在楼内。因此，寻找墓口成了考古队的首要工作。

经过试探性挖掘，终于找到了墓口。墓口长4.8米，宽3.1米。考古人员发现这个墓可能已经被盗，因为墓里的回填土夹杂了许多琉璃建筑构件和汉白玉石板。专家判断石板可能是棺盖板，墓葬被盗使这些石板断裂，盗墓贼回填墓坑时，又将这些石板扔了进去。像这种盗墓的方式很少见，是明目张胆大揭盖式的，带有很大的破坏性。

墓里出现的琉璃构件让考古队感到疑惑，梳妆楼上没有琉璃构件，难道是墓里陪葬的冥房被盗墓人打碎了？但是，经过仔细观察，发现这些琉璃构件残块都很大，不像微缩的冥房构件，倒像大型建筑的构件。还有石板残块的出土，让考古队感到墓室就要显现了，也许打开墓室，这些疑问就有了答案。

随着发掘工作的深入，墓坑里又出土了几块石板，其中2

▲ 墓坑中的汉白玉与琉璃碎块

块完好，1块折断。3块石板从面积上看不像是棺盖板，倒像是墓志铭，可是石板上没有文字，而且3块石板均埋在墓里，石板下也不见棺材，这让考古队颇感蹊跷。

当考古队把其中的一块石板掀开后，发现墓葬的东北角有个盗洞，盗洞直径七八十厘米，盗洞的顶部有油灯或是火把熏黑的痕迹，盗洞里的填土与墓里的填土也有明显区别。考古队推测，这个墓下葬后不久，就可能被盗了。

经过十几天的发掘，墓里又出土了一些汉白玉石雕残块。这说明，当时墓葬周围还有汉白玉石雕围栏，因此考古队判断，这个墓的规格相当高。尤其是明朝青花瓷碗残片的发现，让考古队断定，起码明朝时这个墓被盗过。

从发掘的情况分析，这个墓曾经多次被盗，因此考古队也难以断定，这个明朝瓷碗是墓里的随葬品，还是盗墓人带进来的？不过，它至少可以说明，这个墓的时代下限应是明朝。

还有一枚印章的出现，着实让考古队兴奋不已，它的出现极有可能揭开墓主人的身份之谜。

印章的文字笔画曲折，是八思巴文，还是九叠篆？考古队做了印模辨认，却怎么也对不出来。最后通过专家辨认，确认它就是一个押印，没有证明这个死者身份的意义。

押印，就是印章，早在殷商时期，人们就以印章作为权力的象征和社会交往的凭信。到了宋元时期，押印除了汉文入印之外，还有八思巴文和图形押印。而梳妆楼出土的这枚押印，既不是汉文，也不是八思巴文，更不像图形押印，至今也没有人能够识别它。

八思巴文： 忽必烈时期由"国师"八思巴创制的蒙古新字，是元朝的国书。它的创制推广在一定程度上推进了蒙古社会的文明进程。八思巴文共有41个字母，字数只有1000多个。伴随着蒙元帝国的消亡，八思巴文也逐渐被废弃，成了一种"死文字"。

九叠篆： 篆刻印鉴用的篆字别体，称为九叠篆，盛行于宋、元、明时期。原本是一种流行于宋朝的"国朝官印"字体，主要用于印章镌刻，其笔画折叠堆曲，均匀对称。每一个字的折叠多少，则视笔画的繁简确定，有五叠、六叠、七叠、八叠、九叠、十叠之分。

▲ 押印

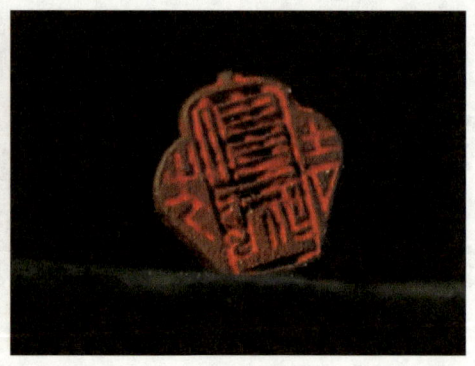
▲ 押印底面

经过近一个月的发掘，梳妆楼隐藏了几百年的秘密终于被揭开了。原来，所谓的辽朝萧太后梳妆楼，竟是一个三口棺木东西向排列的合葬墓。东棺、中棺外面有砖椁和木椁，砖椁已经塌陷，木椁也被严重扰乱，木头横七竖八地搭在棺木上。中棺上面的砖椁被揭开一半，没有棺盖。西棺从外表看保存完好，许多椁木压在上面。

四、独特的棺木引起了考古队注意

考古队将椁木小心翼翼取了出来，不曾想，这些看似完好的椁木已经严重腐朽，有的甚至已经炭化，说明这个墓年代久远。而覆盖在棺木上的青砖也腐蚀严重。

考古队先清理中室，不出所料，这个墓早已被盗，墓主人的头骨与胸骨重叠在一起，服装和遗骸被渣土覆盖，棺里的随葬品被洗劫一空。但是，独特的棺木引起了考古队的注意，它是把一棵大树掏挖成人形。这是河北省文物考古研究所第一次发现，在我国也没有看到类似的报道，让考古队兴奋不已。

据蒙元史书记载，树棺葬，是蒙古贵族或高级别的官吏才有资格享用的一种高等级丧葬形式。多少年来，关于蒙古人树葬的风俗仅见于史书记载。

▲ 桦树皮弓箭袋　　　　　　▲ 剑与马镫

这次发现树棺葬,是考古队的一个重大收获。因此,他们初步推断,梳妆楼为元朝蒙古贵族墓葬。

明朝叶子奇撰写的《草木子》也有类似记载:蒙古人死后用树棺深埋,然后万马踏平直到来年青草再生,消除了墓葬痕迹之后,看墓人才可以离开。由于采用了这样的丧葬方式,成吉思汗的墓在何处,至今仍然是一个谜。

令考古队不解的是,既然蒙古贵族的树棺多采用密葬的方式,为什么梳妆楼元墓要在地面建造如此恢宏的享堂?这一特殊的形式,是否与墓主人的身份有关?

虽然这个墓葬曾经被盗掘,但仍然出土了一些很有价值的文物,特别是具有蒙古民族文化特征的文物,如用桦树皮制作的弓箭袋,以及马鞍、马靴、马镫,还有一把将军剑等。尽管这些文物已经腐朽,但从工艺上仍可看出它们的精致,无不透露出主人的身份特征。

随后,考古队将衣服和遗骸裹挟着清理出来,其中一件褐色蒙袍,虽然历经几百年的腐蚀,但还有相当的韧性。考古队整理时,发现衣服裹着

▲ 鎏金腰带扣

一个金光闪闪的鎏金腰带扣。

这个带扣由三部分组成，中间是二龙戏珠图案，中心部分曾镶嵌着宝石，两边锁扣也各有一条盘龙，上面也曾经镶嵌着宝石。这一发现非同小可，它暗示着墓主人的身份非同一般。在古代，只有皇亲国戚，或者君主，才有资格使用龙的图案。那么，这个人究竟是谁呢？

考古队根据出土的遗骸特征判断，中室是一位男性，死亡时的年龄约在30岁。是什么原因导致他英年早逝？从出土的遗物中无法判断。但是，从随葬品看，他好像是一位武官。而从他下葬时穿的蒙袍，又看不出武将的风采。但墓主地位非常高，不是一般的贵族。

东墓室与中室是连体墓穴，用的是同一种木椁和砖椁，用铁条三横两纵打包在一起，像是同时下葬的。当考古队揭开东室的棺盖，里面填满了绸缎，刚打开棺盖时，这些绸缎的色彩和图案仍然清晰可辨，但是，一接触到空气便很快褪色风化了。

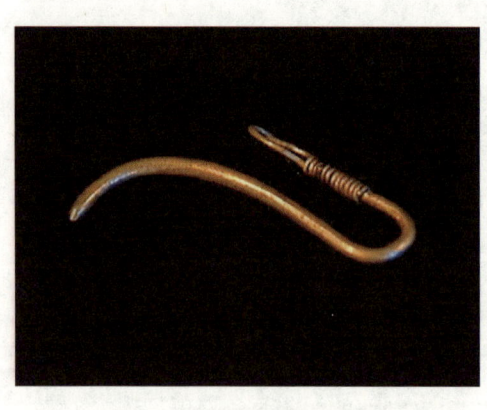

▲ 金耳环

东墓室除出土了一些绸缎之外，还出土了一对金耳环。考古队通过对尸骨鉴定，发现这是一位女性，死亡时年龄约在20岁。她和中室的男性是什么关系呢？他们之间的年龄相差近10岁，为什么他们同时下葬呢？

最后考古人员开始清理西室。西墓室与中室和东室之间有一道砖墙，这使得它在墓葬内自成一室。西墓室的棺木保存得很完整，但是，它也同样没有躲过被洗劫的命运，这不免让考古队员们感到失望。但是，令考古队奇怪的是，西棺与另外两个棺形式完全不同，是用板材榫卯打造而成的。这与中室和东室的树棺有所区别。

考古队发现，这个棺木跟欧洲的棺木有些相似，棺底两侧有对称的4个

▲ 桦树皮弓箭袋

▲ 剑与马镫

这次发现树棺葬，是考古队的一个重大收获。因此，他们初步推断，梳妆楼为元朝蒙古贵族墓葬。

明朝叶子奇撰写的《草木子》也有类似记载：蒙古人死后用树棺深埋，然后万马踏平直到来年青草再生，消除了墓葬痕迹之后，看墓人才可以离开。由于采用了这样的丧葬方式，成吉思汗的墓在何处，至今仍然是一个谜。

令考古队不解的是，既然蒙古贵族的树棺多采用密葬的方式，为什么梳妆楼元墓要在地面建造如此恢宏的享堂？这一特殊的形式，是否与墓主人的身份有关？

虽然这个墓葬曾经被盗掘，但仍然出土了一些很有价值的文物，特别是具有蒙古民族文化特征的文物，如用桦树皮制作的弓箭袋，以及马鞍、马靴、马镫，还有一把将军剑等。尽管这些文物已经腐朽，但从工艺上仍可看出它们的精致，无不透露出主人的身份特征。

随后，考古队将衣服和遗骸裹挟着清理出来，其中一件褐色蒙袍，虽然历经几百年的腐蚀，但还有相当的韧性。考古队整理时，发现衣服裹着

▲ 鎏金腰带扣

一个金光闪闪的鎏金腰带扣。

这个带扣由三部分组成,中间是二龙戏珠图案,中心部分曾镶嵌着宝石,两边锁扣也各有一条盘龙,上面也曾经镶嵌着宝石。这一发现非同小可,它暗示着墓主人的身份非同一般。在古代,只有皇亲国戚,或者君主,才有资格使用龙的图案。那么,这个人究竟是谁呢?

考古队根据出土的遗骸特征判断,中室是一位男性,死亡时的年龄约在30岁。是什么原因导致他英年早逝?从出土的遗物中无法判断。但是,从随葬品看,他好像是一位武官。而从他下葬时穿的蒙袍,又看不出武将的风采。但墓主地位非常高,不是一般的贵族。

东墓室与中室是连体墓穴,用的是同一种木椁和砖椁,用铁条三横两纵打包在一起,像是同时下葬的。当考古队揭开东室的棺盖,里面填满了绸缎,刚打开棺盖时,这些绸缎的色彩和图案仍然清晰可辨,但是,一接触到空气便很快褪色风化了。

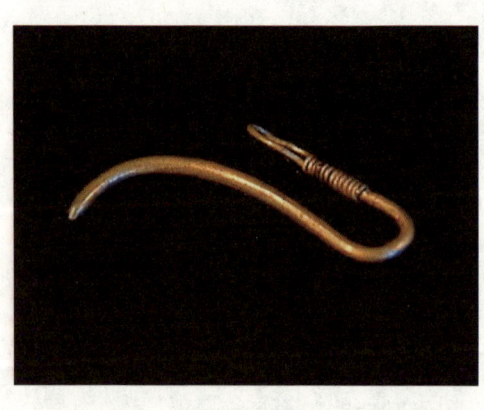

▲ 金耳环

东墓室除出土了一些绸缎之外,还出土了一对金耳环。考古队通过对尸骨鉴定,发现这是一位女性,死亡时年龄约在20岁。她和中室的男性是什么关系呢?他们之间的年龄相差近10岁,为什么他们同时下葬呢?

最后考古人员开始清理西室。西墓室与中室和东室之间有一道砖墙,这使得它在墓葬内自成一室。西墓室的棺木保存得很完整,但是,它也同样没有躲过被洗劫的命运,这不免让考古队员们感到失望。但是,令考古队奇怪的是,西棺与另外两个棺形式完全不同,是用板材榫卯打造而成的。这与中室和东室的树棺有所区别。

考古队发现,这个棺木跟欧洲的棺木有些相似,棺底两侧有对称的4个铁提手。欧式棺和蒙古树棺在同一个墓穴中出现，这在中国考古史上实属罕见，考古人员分析，这是否意味着这个家族具有东西方文化的背景呢？在蒙元时期，有许多西方人在朝中为官，而这个墓葬无论是地表建筑——享堂，还是丧葬形式都具有东西方文化的特点。特别是一件裙子的出土，着实让考古队员们为之惊喜，在裙子的衬里上，用朱砂密密麻麻地写了许多文字，这些文字显然不是汉语，在场的考古人员没有一个人能够认识它们。

考古队拍了片子，向有关专家请教，但好多人都不认识。有人说是契丹文，有人说是蒙文，最后拿到北京去鉴定，认为是梵文。

梵文，是印度的古典语言，也是佛教的经典语言。由此考古队推断，此人是一个佛教徒。

有趣的是，考古人员在清理西棺遗物的时候发现了一个香囊，这个香囊里有用棉花包住的几颗牙齿。考古人员在做人骨鉴定时，发现墓主人也是一位女性，她的牙齿已经全部自然脱落，香囊里装的牙齿正是墓主人自己的。结合此人的骨骼老化程度，考古队推测死者去世时年龄比较大，应该在60岁左右。这让考古人员感到纳闷，中室男子的年龄为30岁左右，东室女子的年龄为20岁左右，而西室的老妇人年龄却有60多岁。3个人的年龄相差如此悬殊却葬在同一个墓穴，他们是什么关系呢？

经分析，认为东棺与中棺墓主是夫妇关系。但西棺和中棺的墓主人是什么关系？还无法做出准确判断，只能推测西棺墓主可能是妃子，她活的岁数大，是死后续葬的。还有一些学者认为，她不是他的妃子，而是他的母亲。

五、梳妆楼的重重谜团

虽然发掘工作已接近尾声，但是，梳妆楼之谜非但没有解开，反而更加谜团重重。考古队清理完西棺以后，又发现棺底有一块二层夹板，夹板上有7个孔，很明显是北斗七星的形状，考古队称之为七星棺。专家们推测，这种丧葬习俗与中国的道教有关，它象征着天人合一；同时具有引导人升天之意。

◀ 七星棺

考古队揭开这块七星板，在棺底还发现了几枚铜钱。这几枚铜钱又给考古队出了一道难题。

通过对比确认，这些铜钱中有一枚是金朝的，其他均是宋朝的。这给墓的断代带来不确定性。

经过一个多月的发掘，一个流传了几百年的传说，终于有了合理的答案，梳妆楼是蒙古贵族的树葬楼。随着时间的流逝，语音的相近，民间便误传为辽朝萧太后的梳妆楼了。

但是，关于这个墓到底是金朝还是元朝的？墓中的三位主人究竟是谁？他们是什么关系？还未揭开谜底。

考古队根据梳妆楼墓葬的发掘情况判断，这个墓如此恢宏至少是一个王的墓葬，既然是一座王墓就应该不止一座，原来探测时发现的建筑遗址，有可能都是墓葬，很显然这是一个家族墓地。因此，考古队对梳妆楼周围进行了大面积发掘。

在梳妆楼西部，考古队发现了几处类似梳妆楼这样的墓葬。同时，也发现了石碑。但碑上的碑文被凿掉了。

被凿掉的石片上雕刻着蒙文和汉文，这些文字信息立刻引起了考古队的注意。但是，每一块带字的石片只有一二个字，几乎无法拼对成句。经过细心察看发现，这些字来自梳妆楼墓里出土的3块石碑。这是3块竖立在祭台上的墓志铭，盗墓的人把石碑上的字凿掉以后，将墓碑扔进梳妆楼墓坑里回填了。

▲ 石片上的碑文

一块比较大的石片上的碑文，引起了考古队的注意："襄阔里吉思 敕撰 臣为"。

"敕撰、臣为"，是说"皇帝批准，大臣所为"，这简单的4个字表明了君臣关系，也说明了梳妆楼墓葬与一个王朝有关。这一发现十分重要，立刻引起了考古队的注意。那么，"阔里吉思"很可能就是一个人名。循着这一思路，任亚珊首先在元史中寻找答案。

汪古部： 金朝皇帝为了防御蒙古、克烈、乃蛮等部，修筑了一道大墙交给该部守卫，蒙古语叫"汪古"，因此得名。汪古部由操突厥语的各部人结合而成，辽、金时称为白鞑靼。元朝将汪古部列入色目人中。今天的哈萨克人就是汪古部的最主要成员之一。

任亚珊一共查出3个阔里吉思。这名墓主人的年龄应该在40岁左右，史书中的3个阔里吉思，只有一个跟这名墓主人吻合。确定碑文提到的阔里吉思，很有可能就是成宗的驸马，汪古部的首领。

阔里吉思是汪古部族的第四代首领，他继承了祖辈显赫的身世，不仅身居高位备受恩宠，而且战功赫赫。阔里吉思不仅精通军事，对儒学也颇有研究，是元朝少有的文武兼备的帅才。因此，成宗铁木尔皇帝继位以后，封授阔里吉思为高唐王。不久新疆发生叛乱，阔里吉思奉命前往新疆平叛，并多次克敌。元大德二年，即1298年秋，阔里吉思在御敌之战中，打败敌军、乘胜追击，不料深入敌后险地，因后援没有跟上而被俘，叛军诱降不成将其杀害。

任亚珊认为这个阔里吉思的事迹、年龄，还有他的地位，的确跟一号墓中室的这个人相似，如果这名墓主人是阔里吉思的话，就应该是死在新疆的阔里吉思。

从梳妆楼墓葬形制来看，墓主人的身份显然非常高贵，而阔里吉思，无论是在元朝的政治地位，还是赫赫战功，无疑都具备了这样的条件。从阔里吉思家族的历史背景看，沽源县一带在金、元时期就是汪古部族的领地。因此，汪古部族的家族墓地建在此处也在情理之中。

那么，梳妆楼墓葬内的两具女性尸体到底是谁呢？为什么他们的年龄相差40多岁，却和阔里吉思合葬在一起？

任亚珊在查阅历史资料时发现，阔里吉思先后娶了两位元朝公主为妻：一位是忽达的迷失公主，另一位是爱牙失里公主。忽达的迷失公主嫁给阔里吉思没几年就去世了，死时只有20几岁。之后，阔里吉思又娶了爱牙失里公主。任亚珊推测，第一位夫人忽达的迷失因为先于阔里吉思去世，当阔里吉思的遗体从新疆运回沽源安葬时，便将忽达的迷失与他一起重新安葬。所以，中室和东室木椁相连，这就证实了考古队当初的判断。而西室的女性则可能是另一位夫人爱牙失里，因为她比阔里吉思晚去世40多年，所以她的墓室用砖墙与之隔开加以区别，而且棺木的样式也与前两者完全不同，这可能与岁月流逝民族风俗的变化有关。

这样，困扰了人们多年的梳妆楼之谜被彻底解开，所谓辽朝萧太后梳妆楼，不过是元朝汪古部族第四代首领阔里吉思墓葬上的一座享堂。但是，元朝贵族墓葬历来采用密葬的方式，阔里吉思为什么会在墓上建一座如此宏伟的享堂呢？

这可能跟汪古部这个族的渊源有关系，大部分学者倾向汪古部是西域突厥人。元朝汪古部被称为色目人，按记载是白种人。

据法国著名的史学家雷纳·格鲁塞撰写的《蒙古帝国史》记载，阔里吉思亲王是突厥人，信奉景教。景教是基督教的一个分支，唐朝时从叙利亚，经波斯传入中国新疆和北方草原一带。因此考古队分析，由于汪古部族来自西域，他们不仅在生活习俗上和蒙古民族有所区别，宗教信仰也和蒙古族有所不同。

因此，梳妆楼与新疆明清时期一些宗教领袖，或地方的王墓极为相似。他们的共同特点是下方上圆、穹顶无梁结构，只是在装饰细节上有差别。梳妆楼是青砖素面，新疆的麻扎则用琉璃砖瓦装饰。但是梳妆楼也曾出土了大量的琉璃砖瓦，这些琉璃砖瓦是从哪里来的呢？

经分析确认，这些琉璃残片原来都是镶嵌在梳妆楼门楣、门两侧、圆顶上的琉璃构件。由此可以想见，当初梳妆楼的华丽程度是多么引人瞩目。

考古队通过对梳妆楼墓葬的发掘和研究，确定这就是活跃于金、元时期汪古部的家族墓地，也只有像他们这样的皇亲国戚，才能营造出如此辉煌的陵园。但是，也正是因为这种高贵、气派和张扬，导致了它的灭顶之灾。在梳妆楼墓葬区，像这样的墓上享堂当初还有3座。这3座墓上的享堂略小于梳妆楼，但形制完全一样。而现在，这3座享堂早已没了踪影，只剩下梳妆楼孤立地在大草原上矗立了数百年。

是什么原因导致了这个家族墓地的毁灭？不是一般的盗墓行为，极有可能是王朝更迭、民族仇恨，或是战争导致的结果。

经过2年的勘探发掘，在梳妆楼周围共发现清理墓葬30座，出土文物200多件。这是我国到目前为止发现的唯一一处元朝贵族墓葬，对研究蒙元帝国的历史，探寻蒙古贵族的丧葬文化，有着极其重要的价值和意义。

▲ 梳妆楼原貌想象图

对梳妆楼墓葬群的发掘和研究，不仅纠正了几百年来的谬误，也让我们看到了一个王朝从兴盛走向衰落的背影。